基于深度教学背景下
小学语文阅读能力发展策略研究

李海清　著

时代文艺出版社
SHIDAI WENYI CHUBANSHE

图书在版编目（CIP）数据

基于深度教学背景下小学语文阅读能力发展策略研究/
李海清著. -- 长春：时代文艺出版社，2024.6.
ISBN 978-7-5387-7518-1

Ⅰ. G623.232

中国国家版本馆 CIP 数据核字第 20240Q3M16 号

基于深度教学背景下小学语文阅读能力发展策略研究

JIYU SHENDU JIAOXUE BEIJING XIA XIAOXUE YUWEN YUEDU NENGLI FAZHAN CELUE YANJIU

李海清　著

出 品 人：吴　刚
责任编辑：杜佳钰
装帧设计：王芳宇
排版制作：火　丁　经晓巍

出版发行：时代文艺出版社
地　　址：长春市福祉大路 5788 号　龙腾国际大厦 A 座 15 层（130118）
电　　话：0431－81629751（总编办）　0431－81629758（发行部）
官方微博：weibo.com/tlapress
开　　本：710mm×1000mm　1/16
印　　张：8
字　　数：106 千字
印　　刷：北京市怀柔新兴福利印刷厂
版　　次：2025 年 6 月第 1 版
印　　次：2025 年 6 月第 1 次印刷
书　　号：ISBN 978-7-5387-7518-1
定　　价：67.00 元

前　言

　　阅读是运用语言文字获取信息、认识世界、发展思维、获得审美体验的重要途径。阅读教学是学生、教师、教科书编者、文本之间对话的过程。重视学生的阅读，关系到学生以至整个社会的文化品质与持续发展的能力。语文阅读教学能够在很大程度上助推学生语文核心素养的形成，通过阅读教学，让学生学会读书，学会理解，有利于培养学生搜集处理信息、认识世界、发展思维、获得审美体验的能力，有利于提高学生感受、理解、欣赏的能力，丰富学生的语文核心素养，使学生具备终身学习的能力。

　　阅读在小学语文课程中占有很重要的位置，阅读能力是阅读教学需要培养的一项重要能力。学生阅读能力的高低不仅会对学生的学习产生影响，而且对学生今后的生活也将产生深远的影响。目前，阅读教学中仍然存在"浅阅读"现象，学生学习的主动性、积极性不高，思考领悟、情感体验也仅仅停留在表面。深度学习研究源于阅读实验，与语文核心素养紧密相关，可以提高阅读教学水平，在一定程度上改变阅读教学浅层化现象。深度教学要求小学语文阅读教学由"表层"走向"深度"，丰富知识教学的价值，进而实现教学的丰富内涵。

　　本书是在深度教学背景下对小学语文阅读能力展开研究的著作，首先阐述深度教学理论，接着在深度教学的背景下对小学语文阅读教学现实状况进行研究，然后从学生主体视域的角度梳理出小学三个学段相对应的阅读能力培养策略，具有一定的现实意义，对学生阅读策略的学习和教师培养学生阅读能力具有较好的促进作用。

本书适合小学语文教学工作者与研究者阅读，也可为相关专业师范生提供一定的学习和参考价值。鉴于作者水平有限，书中难免存在不足之处，望读者提出宝贵意见和建议！

目　录

第一章 深度教学理论研究

第一节 深度教学的概念与内涵

一、深度教学的概念

所谓"深度"具有以下属性：首先，与事物的本质有关，越接近事物的本质，就越有深度；其次，与发展的程度有关，越往高层阶段发展，就越有深度；再次，与技巧艺术有关，越是精微奥妙，就越有深度；最后，与影响力度有关，越是影响重大，就越有深度。从教育过程来看，"深度"与我们教学质量的提高有很大关联。教学是集合教师的教、学生的学以及师生关系的三维立体活动，在这一活动中我们希望每个人都能有所收获，有所成长，深度正是达到教学相长目标的衡量标尺。

对深度教学概念进行界定，大致可以从以下几个方面来进行把握：第一，深度教学是建立在一般教学理论基础上的深层挖掘；第二，深度教学并非局限在知识内容上的深度，而是整个教学要素的统合提升；第三，深度教学的起点和落脚点都在于学生的深度学习。因此，笔者给深度教学做如下的界定：深度教学是指以深度学习理论为基础，以促进学生的全面发展为目标，在教学目标、教学内容、教学方法、教学评价、教学反思等各个方面挖掘教学内在魅力所形成的一系列教学理论。通过深度教学引导学生深度学习，实现教育的育人功能。苏格拉底说："教育不是灌输，而是点燃火焰。"深度教学就是点燃学生、点燃课堂的火焰。

二、深度教学的内涵

(一) 深度教学的研究

1. 国内对于深度教学的研究

从研究时间可以看出，国内最早研究深度教学的是华中师范大学郭元祥教授。他认为：深度教学必须超越表层的符号教学，由符号教学走向逻辑教学和意义教学的统一，他把这种统一称为深度教学。深度教学，并不追求教学内容的深度和难度，不是指教学内容越深越好，而是相对于知识的内在构成要素而言，知识教学不停留在符号层面，丰富教学的层次，实现知识教学的丰富价值。随后在 2010 年由华中师范大学基础教育课程研究中心与信阳师范学院共同开展的全国性教学改革实验"深度教学"课堂教学改革实验逐渐开展起来。"深度教学"课堂教学改革实验以教育学立场下的知识观为基础，通过对课程知识的性质与结构的分析，建构了教育学立场下的知识观，教育学立场下的知识突破了哲学认识论的知识立场对教育场域的局限，转而从人的角度来审视知识，即教育学的知识立场。深度教学旨在引导学生深度学习，以提升课堂的发展性品质为追求，着力塑造课堂的教育涵养。通过教师对知识进行结构性、条件性和转化性处理，克服教学过程中的表面、表层和表演性的教学，引导学生深层、深刻和深度学习，切实转变知识观、学生观、教学观和质量观，提高课堂教学的发展性，深化课堂教学改革。

深度教学把核心策略聚焦在以下几个方面：第一，理解性教学策略。第二，问题导向教学策略。第三，回应性教学策略。随后，有关深度教学的文章才陆陆续续发表。

郭元祥与姚林群教授认为，深度教学的实现需要达到以下四个转变：首先，课程知识观需要实现从"静态的本体论"转向"动态的主体论"，以发展动态的眼光看待知识，进行个性化、深度挖掘的知识解读；其次，教学价值取向需要由"价值中立"转向"价值负载"，即是对知识的诠释需要深入到学生的内心世界、情感领域和价值结构之中；再次，教学过程要由"预设性"转向"生成性"，重视特定教学情境之中的智慧生成；最后，教师角色需要从"知识的传递者"转向"价值引导者"，教师不仅仅是教知识，更是指引学生自己去发现知识。

四川师范大学教授李松林认为：深度教学是回归课堂原点的教学，它有四个基本命题：

（1）深度教学是深入学科教材本质的反思性教学。

（2）深度教学是触及学生心灵深处的对话式教学。

（3）深度教学是促进学生持续建构的阶梯式教学。

（4）深度教学是引导学生建构意义的理解性教学。

伍远岳认为，深度教学是对教学发展性的回应，深度教学的知识论基础包括：树立教育学立场的知识观；深度教学要关注知识的内在结构；深度教学要实现知识的多维教育价值。深度教学的特征包括：深度教学是理解性的教学；深度教学是反思性的教学；深度教学是体验性的教学。另外，深度教学的品质追求包括：知识解读的深刻；生活经验的联结；思想文化的浸润；核心素养的培养。

罗祖兵归纳了核心素养作为教学目的的许多新特征：注重教学目的的综合性；重视教学目的的基础性；强调教学目的的主体性；关注教学目的的时代性。他认为核心素养落地的重要方式是教学变革，必须实现核心素养的教学转化，必须实现教学过程的转型。他认为深度教学是基于核心素养的教学追求，要进行"有限教导"，让学生充分地参与教学，进行"多元教导"，让学生生动活泼地学习，进行"情感教学"，激发学生的积极情感体验，提供"全景立场"，让学生形成自己的理性。

李松林认为现行教学普遍存在的问题是缺乏深度。着眼于学生的深度学习和学科核心素养的有效培育，深度教学乃是学科课堂改进的着力点。在实践中，深度教学的基本范式可以归纳为四个基本命题：深度教学是深入学科本质的反思性教学；深度教学是触及心灵深处的对话式教学；深度教学是促进持续建构的阶梯式教学；深度教学是建构深层意义的理解性教学。

郑妹、陈玲和陈美玲从学习资源的角度出发，通过文献研究和问卷调研，分析了目前 1∶1 课堂环境下小学数学学习资源方面存在的问题；论述了 1∶1 课堂环境下的学习特征、深度教学与学习资源的关系；结合美国 Explorelearning 互动学习网站案例分析，总结出该环境下支持小学数学深度教学的资源的设计模式和资源结构特点，给我国设计和开发 1∶1 课堂环境下的小学数学资源带来启示。

张伟娜在其硕士论文《深度教学研究》中指出，深度教学的内涵体现在知识深度、思维深度、学科深度和关系深度四个方面。知识深度方面着重于在知识中生成智慧，因此，深度教学的知识教学一方面需要对知识进行系统化的学习，另一方面还应该将知识转化为学生的智慧；思维深度是指通过教学需要鼓励质疑和打破常规思维，培养学生的思维能力，这些思维主要包括直觉思维、系统思维、辩证思维、逻辑思维、价值思维、应变思维、形象思维、发散思维和逆向思维；在学科深度方面，教学应该挖掘学科背后的人文内涵；关系深度就是指师生关系的升华，希望教学中的师生关系突破传统的师本生从，师生关系的和谐将促进深度教学的发展。

李平的硕士论文《为深度学习而教：深度教学的理性追求和实践策略研究》在分析和综合前人研究的基础上，运用思辨的方法，探讨了深度教学的理性追求，辨析了深度教学的基本内涵，分析了其理论基础主要来源于深度学习的最新成果，并概括深度教学的实践价值。论文还就促进深度教学的实践策略进行了探讨，从五个方面提出了深度教学的实践策略：一是教师素养可以多方位提升修炼；二是对教学设计进行全面拟定；三是注重教学过程中的智慧生成；四是多元组织教学评价；五是经由教学反思进行调整和强化。

农玉娴在其《小学语文深度教学研究》一文中指出小学语文深度教学是指小学语文教师深入挖掘语文教材中知识内涵的丰富价值，带领学生超越表层的知识符号学习，进入语文知识的内在逻辑形式和意义深度，实现语文教学对学生的发展性价值，进而使学生通过小学语文课程的学习获得知识、发展逻辑思维能力、养成情感态度和价值观。

小学语文深度教学应该有如下三个特征，才能称之为深度教学：第一，学生习得文本知识；第二，学生学会思考；第三，学生养成良好的情感态度和价值观。以上论文都在研究深度教学，他们从不同的角度对深度教学进行了分析，对深度教学有各自的理解。

2. 国外对于深度教学的研究

美国学者特雷茜·史密斯和苏珊·科尔比研究了学生的深度学习和教师怎样培养学生的深度学习。在研究中，他们使用一个框架来评估教师的教学方法和学生的学习成果。在这个框架中，教学观察和学习结果的结构分类，是一种很有前景的工具，可供教育工作者用来理解和考查教学的深度和学习的情况。由马顿和塞利约、比格斯和科利斯创建了 SOLO 分类法来说明从表面学习到深度学习的连续性。SOLO 分类法分为五个主要的层次结构，用来反映完成特定学习事件或任务的质量或水平。在他们的著作《为深度学习而教》（Teaching for Deep learning）中，以图形的方式表示单项分类法。

比格斯所划分的五个层次分别为：

（1）前结构层次：指基本没有理解问题和解决问题，答题时逻辑混乱，只简单地做出肯定或否定回答，答案没有论据支撑。

（2）单点结构层次：找到了一个解决问题的思路，但缺少对问题的论证，答题时，只凭一个线索、一点论据就跳到结论。

（3）多点结构层次：找到多个解决问题的思路，能联系多个孤立事件，并组织材料简单论证，但未能把这些思路有机地整合，形成相关问题的知识网络。

（4）关联结构层次：能联想联系多个事件，找到多个解决问题的思路，并能把这些思路结合起来思考，解决较复杂的具体问题。

（5）抽象拓展层次：能对问题抽象概括，从理论的高度分析问题、深化问题，使问题本身的意义得到拓展，结论具有开放性，表现出较强的研究能力和创新精神。

SOLO 分类评价法目前已在许多地区经过广泛的实验和应用。特雷茜·史密斯和苏珊·科尔比的研究表明，尽管深度学习可以发生，但是大多数情况下，它不会发生。在帮助学生实现深度学习的过程中，有效的步骤包括：

（1）支持教师参与表面学习和深度学习对话。

（2）检查教学实践和由此产生的学生学习效果。

（3）重新思考课堂深度学习的评估方法。

他们的研究表明，教师的努力可以使得深度学习的效果不同。作为教育工作者，我们必须致力于有意而非偶然地培养学生的深度学习。

深度学习是可持续的，需要一种不同的教学风格。一些研究人员已经从深度学习转移到研究深度教学，如托肯、汉森的文章《深度教学法：社区建设的世界语言教学》（The Deep Approach：World Language Teaching for Community Building）和威尔逊·史密斯、科利比的文章《为深度学习而教》（Teaching for Deep learning）。这一转移定义出了可持续教育。深度教育确实需要自我的持续学习。哈格里夫、芬克定义了以下维度：学习必须有深入的理解；深度学习系统必须持续和扩展；深度学习具有正能量，但是不能破坏学习环境；质量与多样性关联，而不是标准化的表达形式关联；深度教学继承过去智慧，并发展到未来。总结为三个基本核心要素是积极参与、能力建设和学习领域的问责制。它"超越了成就上的暂时增益，创造了持续的、有意义的学习进步"。因此，哈格里夫、芬克指出，如果标准被认为是规范性的，它们可能是可持续性的。在深度教育中，标准定义的是过程，而不是结果。

托肯认为深度教学是以学习者为中心的。教师要将有意义的内容传授给学生，就需要知道什么对他们来说是有意义，并讨论其内在意义。同时，学习和教学必须达到生活目标，是语境化的，处于情境中的，并且要将意义体现在行动中。

保罗在他的文章《关键联系：统一课程、教学和学习的高阶思维》（Thecritical connection：Higher order thinking that unifies curriculum， instruction, and learning）中认为：那些有资格成为"深层教师"的人理解和重视高层次的秩序教育，他们持有不同的假设：

（1）深度比覆盖面更重要：与学生学习思考的内容相比，他们学会如何去思考更为重要。

（2）在行动上，通过反思获得知识。

（3）教育是一个收集、分析、综合、应用和评估负载信息的过程。

（4）有学生交流的课堂关注的是生活问题，这是学习的好迹象，而不是安静地专注于教师的被动说教；只有当学生重视所学知识的时候，他们才会主动去获取。

（5）主题事项应与经验、生活价值和观点有关，学生在不理解的情况下，可能给出正确的答案、记忆定义和应用规则。

（6）粗浅学习是深度学习的障碍。

威尔逊在 2013 年的论文《深度教学》（Deep teaching）中指出，浅层教学注重信息的共享，而深度教学是在信息的表层之下进行的，涉及思想的共享和激发。虽然浅层教学能够覆盖一定的领域，但是它不能覆盖学习过程的本质和深层含义。在深层意义上，作为一种精神上的活动，它也是一种精巧的人类活动，它强调反思、讨论和诚实表达——涉及精神的触碰，在本质上是虔诚的。威尔逊认为可以把深度学习纳入课堂教学之中，使学生经历体验和表达。深度教学更关注的是思想的共享与激发。

关于深度教学，国内外学者初步达成以下几点共识：第一，深度教学应观照学生已有的知识和经验，在此基础上调动学生的学习动机，帮助学生进行经验网络的自我建构。第二，深度教学要关注学生学习的过程，为学生提供各种活动机会，组织有利于讨论和交流的学习共同体，促进学生不断地反思。同时，运用即时反馈和形成性评价也是促进深度教学的有效策略。第三，深度教学不是事实性内容的简单传递，而是关注知识的文化背景，即知识产生和发展的来龙去脉，知识存在的意义以及知识背后的思想方法和观念。第四，深度教学的目标不局限于掌握基础知识和基本技能，而是在掌握结构化知识的基础上，培养学生运用知识创造性解决问题的能力。

（二）深度教学的内涵

深度教学是一种教师带领学生突破对知识符号的浅层学习，深入挖掘知识的丰富内涵和价值，深层理解，深刻体悟的教学。

1. 深度教学是发展性教学

深度教学，是超越工具性教学与浅表层教学局限的一种教学理念，是对学生发展丰富性的回应，也是提升教学发展性的呼唤。教育者需要在深度教学理念的指导下，让自己的教学实现知识解读的深刻、生活经验的联结、思想文化的浸润、核心素养的培养，真正达到有力量、有发展性的教学。教学作为教师引导下促进学生发展的过程，以促进学生与知识相遇的学习活动为逻辑起点，切实让学习真实发生，其根本前提是体现教学的育人功能，让学习真正成为发展的过程。就教学活动的意义性而言，"让学习真实发生"的根本不是外在的表现性的活动，而应该是内在的发展性活动。"让学习真实发生"应该理解为让发展真实发生，发展性是深度教学和深度学习的本质，也是学科育人、课程育人的本质规定性。教学的发展性指向丰富学生作为人的"社会本质""文化本质""精神本质"和"实践本质"，即成为人。疏离了发展性的教学，无论是什么样的程序、方法和技术，都是表层教学。我们始终认为，深度教学或深度学习之"深度"指向的是实现教学价值与目标达成的深度，是知识理解和转化的深度，是学习过程和学习方式的深度。深度教学是通过提升学习境界和学习层次，实现知识丰富价值的发展性教学。追求教学的发展性，也是深度教学的核心理念。发展性是教学最根本的价值追求，更是课堂教学改革的根本基础。课堂教学作为教育活动最普遍的途径和方式之一，其最根本的追求是促进学生发展。

2. 深度教学是理解性教学

零散的知识构不成学科能力，提高学生对知识的理解性、解释性和结构性的掌握，是学科能力达成的基础。美国教育家布鲁纳的结构主义教学理论早就充分证明了这一点。"理解"就是能够展开各种各样关于主题特征的思维活动,学生应该被给予充分的机会参与到这些活动中去,使学习成为一种长期的以思考为中心的过程。理解是教学的根本基础,转化是教学的核心过程,深度教学摒弃单一的符号接受性教学,要求克服对知识的平面处理和孤立的符号解释,主张揭示知识的多维属性及其意义。理解性是深度教学的基本特征,为理解而教,是深度教学的本质诉求。通过知识学习,引导学生理解世界的本质和规律,获得对世界的理解,以及对自我与世界关系的理解,进而为发展提供坚实的基础。通过知识学习,学生所要理解的其实不是符号本身,而是符号所揭示的客观事物的内在规律,以及人与客观事物的关联性。同时,通过对自我的回应,理解的根本对象其实是人本身。因此,作为知识的理解性教学,学生真正所要理解的应该是:事物和事物的现象及其本质;事物和事物的内在关系、过程及其规律;人类的情感和态度;自然、社会思想及其思维方式。在深度教学过程中,教师要给予学生足够的重视,就是说要把参与需要动脑筋的理解性活动放在首要位置。教师应该让学生花费更长的时间来琢磨和反思他们所学的主题,这样他们自己就能掌握知识要领。为理解而教的教师需要承担的是一项重任,即让学生对于所教授学科的结构和思维方式有个清晰的认识。为进一步促进学生理解,教师需要使用更具想象力、启发性和激发性的表现手法帮助学生进行理解性的思维活动,除了提供给学生有力的陈述,教师也可以经常要求学生自己组织陈述,这本身也是一种理解性的表现形式。在深度教学过程中,应用思维导图、知识树、单元整体教学等方法,引导学生建立基于理解的知识体系,有利于克服知识学习的碎片化问题。深度教学是理解性教学,它注重以引导学生对知识的完整理解为基础,促进知识的理性价值、道德价值和审美价值的实现。

3. 深度教学是探究性教学

以问题为导向,引导学生对新知识的背景问题、新知识的本质与属性问题、新知识蕴含的学科思想和学科方法等问题开展探究性学习是深度教学的方向之一。当下中小学课堂教学中不是没有问题探究，而是存在着对学生知识理解而言挑战性过低的问题，甚至无意义的问题，缺乏对知识的内在学科思想、学科方法等关键问题的深度挖掘和引导。探究学习的过程是以学科思想、学科思维方式和学科方法的建立为目的的深度学习过程。仅仅是把书本知识作为事实和结论来掌握，忽视思维方式的培养和学科思想的建立，是难以真切地促进学生学科素养发展的。为了引导学生的深度学习，教师必须适时对学生进行深入教导、引导，提出适宜的问题让学生主动地进行探究，这种带着问题的探究既有师生之间的探究，也有生生之间的探究，通过对问题的深入探究，学生的高阶思维能力得到发展，在不断思索、探讨中获得成长。深度教学是探究性教学，深度教学离开了探究就失去了活力。在深度教学过程中，探究促进了学生的发展，探究使教学生动有趣，学生在探究中实现深度学习。

4. 深度教学是反思性教学

国内知名的教育改革家李镇西是反思性教学的支持者，多年来他一直在践行这种教学模式。教育思考使教育者明确自己的教育方向，科学而理性地设计、实施自己的教育，同时不断地总结、提炼、升华自己的教育实践。对于每个教育者来说，要开展深度教学，就必须做反思型的教师，要带着一颗思考的大脑从事每天平凡的工作，通过思考、解剖自己日常教育实践而不断超越和提升自己的教育境界。在反思中不断成长，在反思中不断进取。在对每一篇课文、每一章、每一单元的教学过程中，总结、反思和感悟等教学方式应贯穿始终。可以说，没有总结，就没有知识结构的建立，也不可能有学科能力的表现和学科思想的建立。没有反思，也不可能有清晰的得失判断，也不可能有对知识与生活体验的深刻意义关联的认识。反思是一种自觉的行为，是自我建构教育理念的过程。教师的反思是自己在教学过程中的理念和行为。教师的反思是以自我为研究对象的一种研究活动，是对自我教育理念的审视和思考。深度教学不仅需要教师的反思，也需要学习者的反思，深度教学是教师的反思与学习者的反思相结合的教学。学科思想和基本态度的建立是需要学习者经历反思和觉醒的过程的。深度教学将"学科思想"和"学科能力"发展作为知识转化的首要目标。在教学实践中，教师应注重培养学生反思性学习的能力、学科能力及其表现水平的培育与提升，切实达成从知识向学科经验、学科能力、学科思想的转化，真正把学生的学习过程引向深度。

5. 深度教学是回应性教学

教学过程是教师的教和学生的学的一个交流、互动过程，教师的教离不开学生的学，学生的学离不开教师的教，教和学缺一不可。在深度教学过程中，教师与学生的关系是一种主体间的关系，两者关系处理好了，就会相互促进，成就彼此。在深度学习和深度教学过程中，教师和学生之间的互动是必不可少的，也可以说，回应是必不可少的，没有回应的教或没有回应的学不能称之为教学。要想让深度学习或深度教学真实发生，就必须有回应。教师要及时对学生提出的问题做出回应，学生也要对教师提出的问题做出回应，这种回应是双向的，它可以保障教学的顺利开展。回应的基本方式包括自然或社会背景的回应、学生生活经验的回应、文化精神与思想的回应等。离开了回应的过程，任何方式的知识处理都是背离主体性教学原则的。"深度教学"促进深度学习，其结果应聚焦知识结构的建立、可观察的表现性行为、学科经验的丰富、学科思想的建立，以及学科关键能力的形成。

6. 深度教学是触及学生心灵深处的教学

苏霍姆林斯基曾经说过这样一段话："著名的德国数学家 F. 克莱因把中学生比作一门炮，十年中往里装知识，然后发射，发射后，炮膛里就空空荡荡，一无所有了。我观察被迫死记难以理解、无法在意识中引起鲜明概念、形象和联想知识的孩子的脑力劳动时，就想起了这愁人的戏言。用记忆替代思考，用背诵替代对现象本质的清晰理解和观察是一大陋习，会使孩子变得迟钝，到头来会使他丧失学习的愿望。"苏霍姆林斯基的这段话，生动地描绘了"坏教学"的样子。这种"坏教学"不可能引起学生的深度学习，因为它使学生"被迫死记那种难以理解、无法在意识中引起鲜明概念、形象和联想的知识"，学习被降解为记忆和背诵，"用记忆替代思考，用背诵替代对现象本质的清晰理解和观察"这样的教学，有技术，有做法，有手段，却不能触及学生的心灵，不能引起学生的观察、理解和思考，"鹦鹉学舌""小和尚念经——有口无心""心不在焉"，成为很多学生学习的主要表现，学生的"心"不在学习上。没有"心动"，没有用"心"，何谈主动？何谈深度？教学若不能打动人心，学生的思想、意识、情感就不能活跃，就不可能有深度学习，所以说，深度教学必定是触及学生心灵的教学。

7. 深度教学属于意义性教学

深度教学是促进知识与学生生命相遇，并实现知识对于人的发展价值的教学。深度教学不是把知识仅仅作为对象和结果来进行学习，而是追求学科知识对于学生发展的意义和价值。深度教学追求的是人的发展，发展性是深度教学的本质规定性。深度教学指向的是教学内容、教学活动、教学过程等在学生身心成长和精神发育方面的发展价值。意义性是教学的终极关怀，即追寻教学对于学生作为人的功能和价值，知识只是实现教学目标的重要材料，通过实现知识对学生发展的丰富价值而促进学生的发展。意义性教学追求教学价值达成的深度，切实实现学科教育的育人功能，以实现学科核心素养的发展为根本宗旨。意义性教学是超越"唯分数论"的教学方式，以促进学生素养生长为归宿的教学。深度教学属于意义性教学，其所追寻的意义在于教学内容、教学活动、学习方式、学习资源和环境等对于学生精神发育的科学意义、文化意义、社会意义和实践意义。因此，深度教学属于意义性教学。

第二节　深度教学的特征与理念

一、深度教学的特征

从教师的角度讲，有深度的教学是教师对教材钻得深、研得透的教学。而教师把教材研得深钻得透，目的不单单是要讲得透讲得深，而是要引导学生学的时候学得透，即理解深刻，感悟透彻。所以不能简单地把深度教学理解为教学内容的深度和难度，而是学生学习活动的深度和高度。就是一些简单的内容，如果学生理解深刻、感悟透彻，也是一种深度教学。从学生的角度来说，有深度的教学，就是让学生进行了深度思考的教学。深度教学的根本目的就是促进学生思维水平的发展。思维水平的发展，主要包括思维能力的提高、思维品质的提升和科学思维态度的养成。深度教学注重引导学生深入知识的背后，获取知识背后丰富的思维价值，从而实现知识和思维的同步发展。那么，深度教学与以往的教学相比，有什么特征呢？

（一）反对浅层教学，体现和反映学科本质

深度教学的反面是浅层教学，如机械教学、去过程教学。机械教学强调知识的生搬硬套、简单模仿，典型表现是教师不讲道理，只教结论，只要求学生记住"是什么"而不问"为什么"。教学辅之以刷题式的强化训练，要求学生仅关注答案的"标准""规范"程度，而不关心"为什么""怎样想的"等。去过程教学的典型表现是，将知识的展开过程归纳、整理为某种模式、结构、套路，直接塞给学生，让学生反复训练、熟练掌握，达到"学即能用"。深度教学是通过对知识的发生、发展、形成过程的演绎，促进学生思维由低级到高级发展；它反对浅层教学，重视挖掘学科的本质属性。用学科特有的精神和文化打造学生的学科素养，用学科特有的魅力和美感去激发学生的学习动力，这才是课堂教学应有的深度。深度教学要致力于培养学生解释、分析相关学科现象、过程及问题的意识、角度和眼光；要基于学科概念、命题、理论的思维方式、认识模式和观念思想；要基于学科文化和本质的人文精神、科学精神，形成学科的精气神。学科教学的个性来自学科的独特功能和任务，以学科知识背后所隐藏着的学科精神内涵和文化底蕴开展深度教学，渗透浓厚的学科精神内涵和文化，才能形成学科教学的特有个性，才能在深度教学中把学科核心素养培养真正落到实处。深度教学是反对

浅层教学，体现和反映学科本质的教学。

（二）注重知识内核，实现知识结构与知识运用的一体化

深度教学"深"在何处？伍远岳认为，深度教学的特征有"三性"：一是理解，包括理解知识符号、知识逻辑和学科思想、关系和规律、他人与自我、意义和价值等；二是反思。包括教师指导学生反思自己、反思学习状态、反思自己和知识之间的关系；三是体验。包括情感体验、人际关系体验和思考体验。深度教学不仅仅"深"在知识结构，还在于知识的灵活运用，将知识迁移运用于解决结构不良的领域以及复杂情境中的问题。知识结构是知识运用的前提条件，而知识运用则是知识结构的最终目的。因此，深度教学应抛弃知识结构与知识运用的"二元论"，实现知识结构与知识运用的一体化过程。所有学科的知识就其结构而言，都可分为表层结构和深层结构，表层结构揭示的是知识的表层，即知识本身的描述性和解释性意义，它所反映的是物理世界、社会世界和观念世界的对象情景和概念。深层结构是蕴含在知识中的思维方式和价值倾向，它揭示的是知识的深层意义及知识背后的文化意义和价值观念，反映的是人的精神世界和价值世界。

（三）注重将知识从符号向社会生活的深度嵌入

一方面，知识从符号走向生活。个体能否灵活运用所学知识，对知识的深度理解是基本前提。知识向生活的深度嵌入，是知识从僵死、静态的符号"活化"的根本所在。在生活情境中，学生能利用知识解释、理解、解决、应对实际问题，也体现了教学为未来生产生活做准备的理念。

另一方面，在实践运用中深化理解知识。通过知识与生产生活实际的联结，让符号形态的知识在实际情境中进一步巩固强化。生活经验是学生知识学习的重要资源，是学生深度理解知识、建构深度学习的重要支撑。深度教学需要建立学生的生活经验与教学、学习活动之间的联结，让学生带着自身的生活经验与生活履历参与知识的学习与理解、参与思想的建构与意义的生成。

（四）强调教学过程中学生的深度参与、深度合作与深度对话

深度参与来自学生对学习与知识自身的兴趣，深度参与也是深度合作的基础。深度合作是"交换"而非"混合"。深度对话是对于对话者而言的，有启发、有交换、有生成的对话。学生在对知识具有一定深度理解的基础上产生了问题，生发了见解，就具备了深度对话的基础。针对问题进行观点与想法的表达，在相互回应中实现知识的交换与增长。并且，在深度参与、合作与对话中学生发展形成了相应的品质与能力。深度参与、深度合作、深度对话意味着课堂学习共同体的形成。深度教学能触动学生内源性的学习动机，促使学生主动积极地参与到教学活动中来，在与教师和同伴的对话交流中有理有据、逻辑严密地发表自己对问题的见解和看法，在互动辩论中积累学习经验，完善知识结构。在对话交流中，学生学习的主体性能够得到充分的发挥，问题解决能力和批判创新能力也能在动态生成中逐渐强化。

（五）注重文化实践、文化观照与回应

无论是基于知识结构，还是建立在知识运用层面的知识深度教学，都难以摆脱传递知识所固有的缺陷，也无法摆脱其塑造"知识人"的单项行动。深度教学应更加关注于文化交往和文化构建，致力于文化育人。因此，从"知识教学"到"文化实践"是深度教学的新途径。可见，深度教学特征主要在"知识构成"与"人的发展"两个角度，它包含有关知识符号、逻辑及意义的完整知识结构方面的教学，以及从表层的知识符号走向其内在逻辑和意义的知识内核的教学，同时还强调人的自我反思、情感体验、文化实践及高阶思维。

教学是以知识传递为基础的文化传递和传承实践，是以知识传递为基础的文化生产和文化创造。重视教学的文化实践属性，是教学走向深度的重要途径。教学中深度的文化观照与回应，需要教师根据教学内容搜寻相关资料，根据教学需要，选取具有文化承载力的、学生熟悉的实

物资料支持教学，师生在深度合作、深度对话中形成课堂教学的精神价值追求；需要师生共同创造有利于深度交流与思考的课堂文化氛围，师生之间互相敞开内心世界，形成一种稳固的"教"与"学"的互动模式。深度教学要求师生的全身心参与和投入，在协同合作和知识共享中实现个体知识的构建，要营造平等、民主、协商的文化氛围。必须提出的是，学生是文化主体，教师要充分思考学生成长生活的文化背景，基于文化理解对教学内容进行文化适应性处理与改造，并以极具文化关怀的方式组织教学。

（六）注重培养学生的高阶思维

新时代的来临，要求教育从知识与技能的学习转向思维的学习，从表层信息的获取转向深层次的理解与应用。教学不能停留在教会学生结论的传统课堂上，而应该向深度学习高阶思维课堂转变。布卢姆将认知领域的教育目标按照由低到高的顺序分为识记—领会—分析—综合—评价—创造六个层次。深度教学中的高阶思维主要是针对后四个方面而言的，因为在深度教学中，学习者要准确把握文本或他人言论背后的深层含义，就需要利用逻辑思维、辩证思维、批判思维，将碎片化、随机性的符号信息整合成一个结构化的体系，形成一种抽象的逻辑思维结构，才能顺利解决问题。高阶思维与深度教学是一种相辅相成的关系，一方面高阶思维是深度教学的基本特征，也是实现深度教学的前提条件，另一方面，深度教学也能够发展并提升学生的高阶思维。学科知识与思维方法、学科方法是一种水乳交融的关系，每一个概念与规律的得出自始至终贯穿着思维方法、学科方法的操作。因此只有通过结合思维方法、学科方法、规律教学，使学生在每一个概念、规律得出的过程中，深切体会思维方法、学科方法的作用，学科知识才能被学生所掌握，思维教学才能真正得到落实。更重要的是要激发学生的个性思维和批判性思维，对学生成长而言，一切知识都应该是可征询、可批判、可分析、可研讨的对象。因此学科知识的学习过程应该伴随着学生的批判分析从而获得新的感悟和判断。培养学生的高阶思维是深度教学的目标之一，在教学过程中一定要高度重视。任何知识都是人类在实践中经验与智慧的凝练，而深度教学就是将知识还原至其最初状态，一步一步地分析与演绎，引领学生培养高阶思维。

（七）教学与现代信息技术的深度融合

在信息化时代，教学不可以无视技术，教师要有时代感，要能充分利用信息化工具促进教学的深化。当然，教学也不可以产生技术依赖。教学与信息技术的深度融合，是教师能够因时、因需、因情利用信息技术，发挥信息技术的优势。从人的培养观之，教学与现代信息技术的深度融合也是提升学生信息素养的必然之举。深度教学追求深度互动，基于学科核心素养发展的需要，实现对话、追问和思维外显。应用信息技术提高交流的效率和深度，信息技术手段给学生提供了多样的展示方式和途径，学生可以运用 PPT、视频、公众号等多种方式展示学习成果和作品，还可以实现学生之间的充分交流、深度研讨，甚至相互评价。在教学过程中，需要丰富的学习资源，包括实际问题的素材、真实的场景图片、问题解决需要的资料等，这些都可以通过信息技术手段更加有效地提供和呈现，可以运用网络让学生更加直观地获得信息。教师还需要不断积累经验，明确如何开展针对性的追问和引导，促使学生解决问题的思维过程和关键能力的显现。

二、深度教学的理念

我国学者李森和潘光文认为：教学是一种特殊的"事实"，之所以如此，是因为教学具备"事"的基本要素，即人、行为和行为对象。这里的"人"，指教师和学生；这里的"行为"，指教师的行为和学生的行为；这里的"行为对象"，指教师教的行为和学生学的行为交互作用，并指向彼此的身心，特别是彼此的心理。作为"事"的教学，与教师和学生的关系非常密切，离开了教师和学生，作为"事"的教学便永远不会发生。教学是教师的教和学生的学所组成的一种人类特有的人才培养活动。人不仅是物的主体，是他人和社会主体间的主体，也是自身的主体，教学过程是一个师生互动的过程，师生在教学过程中平等对话、相互尊重、相互理解、共同进步。这种师生关系，教师和学生在人格上是平等的；教师的教学态度和学生的学习态度是积极的、主动的；教学和学习效果上是互惠互利的、双赢的。这种师生关系，不仅是追求价值者的主体性，也是价值追求对象的主体性。在教育活动中，教师与学生都是全方位的主体，既是自己想成为的主体，也是对方希望成为的主体。发展性教学正是在这样一种师生关系中实现生命与生命的对话，促进了彼此的发展。追求教学的发展性，是深度教学的核心理念。要追求教学的发展性，就需要进行课堂变革。单一技术层面的课堂变革难以提升课堂的教育涵养，不能丰富教学的发展性。课堂变革需要从对知识及其处理技术的关注转到基于知识处理对学生变化、发展和成长的关注，尤其是对学生核心素养和关键能力的关注，这一转变是回归教育本质的根本诉求。坚定地树立"育人为本"理念，辩证处理教学过程中的教师与学生、教与学、目的与手段、时间与空间、知识与能力、知识与美德、书本知识与生活经验等关系。重建课堂教学价值观，重组课堂教学结构，再造课堂教学程序，重构课堂教学文化，丰富课堂的教育涵养，提升课堂的发展性，是当前课堂教学改革的根本方向。发展性是教学最根本的价值追求之一，更是课堂教学改革的基础。课堂教学作为教育活动最常用、最普遍的途径和方式，其根本的追求是促进学生发展。

什么是发展性？简单地说，发展性就是改变性，是指课堂教学引起学生在认知、情感、技能等方面发生系统的变化，使其学科核心素养和关键能力得到整体提升。课堂教学需要通过知识处理，追求学生在认知方式、情感体验、思想境界、处事方式等维度发生实质性的变化。课堂教学的发展性要求课堂教学超越功利性或工具性的应试诉求，忠诚于教育的本质追求，切实体现"育人为本"的教育价值取向，完整达成教学目标而体现出来的高阶发展性品质。人的发展是教学追求的终极目标与核心，致力于人发展的教育才是真正的教育。发展，就要提升人的地位，显示人的价值，开发人的潜能，昭示人的个性。要实现全体学生全面、主动、健康的发展，就是凸现主体发展观，致力于教学目标上的发展性教育。

缺乏发展性和教育涵养的课堂，往往不能提升和增强学生对知识学习的意义认知。把书本知识当作一种事实性的材料来学习和训练，充其量学生只能获得前人关于客观世界的描述。书本知识离开了学生成长的内在需要，其价值性和意义性层面的内涵处于"结构性沉默"的状态。这样的课堂教学和知识学习是难以让学生体会到学习的意义。教学过程是引导学生主动追寻与创造成长意义的过程，这内在地要求彰显学习的实践属性，并赋予知识学习以意义向度。离开对书本知识的意义获得，忽略了学生的自我认识、自我觉醒、自我觉悟，怎样消解学生对内心自我的孤独感、对外部世界的迷茫感、对社会生活的陌生感和对现实世界的厌恶感？又怎能切实地增强学生对社会的责任感、对生活的热情和对世界的关怀？要提高课堂教学的发展性品质，必须以强化学生知识学习的价值认知为前提。

追求教学的发展性，可以从以下几点入手：

第一，关注学生的"主体地位"。现代教育的特征就是发展人的主体性，追求人的全面发展。如果教师还一直充当"主角"，而学生仅仅充当的是"配角"，剥夺了他们自主学习的权利，必定对学生的全面发展造成影响。新课程指出教师应"以学生的发展为本"，因此，教师要牢固树立以学生为主体的教学观念，激发学生参与意识，把主动权归还给学生，相信每一位学生都有发展。给学生提供更多的参与机会，给学生搭建一个自主学习的舞台，培养学生为了适应未来的生活而努力准备。

第二，关注学生的"学习兴趣"。学生的学习兴趣直接影响一节课的教学效果，因为"兴趣是最好的教师""没有兴趣的学习，无异是一种苦役；没有兴趣的地方，就没有智慧和灵感"。入迷才能叩开思维的大门，智力和能力才能得到发展。课堂上可从这几点观察学生的学习兴趣如何：教师是否创设各种情境的诱发学生的求知欲；教师是否能提出矛盾的问题，引发学生的疑惑；教师是否以生动的实例描述枯燥的概念，使比较抽象的内容变得通俗易懂；教师是否能以思辨问题或实验结论做引导，这样既可激发学生的学习兴趣又可启发学生的思考。

第三，关注学生情感、态度与价值观的体现与发展。作为教师，在强调学习基本知识的过程中，要潜移默化地培养学生积极的人生态度，正确的价值观、人生观和科学的世界观，使学生在学习知识的过程中学会正确的价值选择，逐步具有社会责任感，努力为人民服务，树立远大理想。教师应该在思想观念上实现重大转变，充分利用教材和各种有用信息对学生进行培养。处处注意创设民主、宽松的课堂教学氛围，以幽默的话语、尊重和赞赏的态度，正确引导与启发学生，使学生在会心的笑容中轻松掌握知识与学习方法，并敢于表达自己的情感体验及对自己、同学或老师做出合理的评价，使每个学生在各个方面都能得到更好的发展。

第四，关注每一个学生的发展。每个学生都是不同的个体，有着不同的生活背景，他们在学习中有着不同的经验与体会，对同一个问题的解决，不同的学生也会表现出不同的思维习惯，并得出不同的见解。美国哈佛大学的心理学家加德纳的《智力的结构：多元智能理论》告诉我们：每个人都有着八种智能，而且每个人这八种智能的发展也将不同，所以我们的教学要关注学生的个性差异，学生不是一个机器制造出来的工业品，要承认和接受学生身心发展、认知规律的差异，不能强求一致。

成功的教学在于成功地寻找并确立学生心理结构与学科知识结构之间的最佳结合点。要从学生的心理特点出发，构建适应学生心理发展的教学内容，促使学生实现"最近发展区"上的最大发展。这就需要将教学置于研究基础之上，力戒照本宣科的、无效的、不负责任的教学行为，研究教材，研究学生，注意从学生个体的实际情况出发，运用个别指导与合作学习相结合的方式，营造宽松和谐的、平等的、有利于个性化学习的教学氛围，最大限度地发掘学生的潜能，发展学生的爱好、禀赋与特长。

第三节 深度教学的策略与评价

一、深度教学的策略

教学策略是教师有计划地引导学生学习，力求达成教学目标的教学取向，是一整套教学行为的系统。作为一种教学行为系统，教学策略不是指目标中具体的方法而是在活动主题、教学内容、活动历程等方面具有明确倾向性的行为策略。深度教学是为了更好地实现深度学习，教学工作的重心不再是教给学生固有的知识，学生也不再是被动地接受这种信息的传递，而是要使学习者学会如何学习。深度学习是一种基于理解的学习，它是学习者以高阶思维的发展和实际问题的解决为目标，以整合的知识为内容，积极主动地、批判性地学习新的知识和思想，并将它们融入原有的认知结构中，且能将已有的知识迁移到新的情境中的一种学习。深度教学是充分发挥教师主导作用的教学活动，教师要全面把握学科结构与内容；了解学生，既要了解学生的学习水平、学习规律、学习特点，也要了解学生的需求、愿望、喜怒哀乐；与学生进行沟通与交流，营造民主、平等的教学氛围，使学生在和谐宽松的氛围中主动地学习；关注学生的学习状态，及时调整教学进程与策略，以期更好地帮助学生学习与发展。教师对学习的主题的剖析和对学生情况的分析具有深度，教学目标适合学生且具有深度，学生深度参与学习过程，并能实现知识的迁移应用，师生间的评价精准且具有深度。要教给学生的是学习的方法，并尽可能地激发学生学习的积极性和主动性，培养他们的兴趣。教师在确定教学目标时要充分考虑到学生的实际情况，要尊重学生的人格；在教学中，教师要全面分析教材、深入地挖掘教材、灵活地整合教材，让学生明确为何教、学什么、如何学；在内容上，具有"弹性化"和"灵活性"的特征。同时，创设促进深度学习的真实情境，引导学生展开积极体验，让学生体验到学习的快乐。还要选择持续关注的评价方式，引导学生展开深度反思。教师要根据学生特点不断变化评价机制，使学生一直处于良好的学习状态。那么，如何才能让深度教学真实发生呢？在实际的教学过程中可以采用哪些教学策略？笔者认为可以采用以下几个策略。

（一）问题导向性教学策略

体验和探究是学生知识学习的必经过程，是学生学科能力发展的根本途径。以问题为导向，引导学生体验和探究具体知识所隐含的思想与方法，以及解决问题的核心策略，是发展学生学科能力的基本要求，也是丰富学生学科经验和课程履历的根本要求。没有问题也就难以诱发和激起学生的求知欲；没有问题，感觉不到问题的存在，学生也就不会去深入思考，那么学习也就只能是表层和形式的。可见，推进深度教学就需要深度设计问题，即通过设计具有挑战性的问题，培养高阶思维能力，推进学生的深度学习。亚里士多德说："思考是从疑问和惊奇开始的。"引导学生产生疑问，出现困惑，进行质疑，能够激起学生的思维，调动学生的求知欲，促使学生积极动脑思考和探究问题，有助于推进深度学习。在教学过程中，教师可以设计激疑型问题、发散型问题、辩证型问题等来激发学生的求知欲。所谓激疑型问题，是指教师在教学过程中有意识地向学生提出一些容易产生思维矛盾的问题，激发学生思维的积极性和主动性，引领学生对教材进行深刻思考和深入挖掘的一种设问类型。所谓发散型问题，是指教师提出具有思维发散性的问题，让学生从问题的要求出发，沿不同的方向、不同的途径，从不同的角度、不同的侧面，去探求多种答案的设问类型。所谓辩证型问题，是指教师提出需要进行辩证思考的问题，学生运用唯物辩证法的观点才能得出正确结论的设问类型。采用多种形式的问题，能够培养学生的高阶思维，推动深度学习，实现深度教学。

（二）探究性教学策略

深度教学强调通过对知识完整深刻的处理，促进学生理解知识的内涵、自动构建个性化的知识系统和意义系统。所以深度教学要求教师要找到适合的切入点，引导学生主动参与探究知识的形成过程，学生通过亲身经历对所学内容进行分析、论证、探究等过程，来主动探寻知识原理、形成科学的思维习惯、掌握科学的思维方法，所以新课程特别强调要通过自主、合作、探究等多种形式深度引导学生参与学习的过程，不断发展学生的学科能力，进而形成学科核心素养。

（三）多元化教学策略

从学生在教学过程中的认知状态来看，深度教学能让学生进行生动活泼的学习。不论如何，教学过程主要还是一个知识学习的过程。研究者指出，教学"不能让知识僵化，而要让它生动活泼起来"，因为"生动活泼地理解和创造性地运用知识才能有效地发展智力"，才能形成核心素养。否则，学生获得的只是"惰性知识"。为了让学生生动活泼地学习知识，教师应该进行多元化教学。多元化的核心理论是反中心和去中心，具有极强的跨越性和综合性。教师在教学期间，切忌采取一成不变的教学方法。正确的做法是以教材内容为依据，科学设计教案，挑选最佳的教学方法或是有机整合几种教学方法。在评价学生的学习时也应该进行多元评价的方法。新课程强调"以学生的发展为本"，学生是学习的主体，无论是教学还是评价都应以学生核心素养的发展为出发点，体现"以人为本"的思想。多元教学策略建立在尊重学生主体地位的基础上，在激发学生积极性、主动性的前提下，用多元的方法形成多元的教学，对学生的学习产生积极有效的影响，并使这种影响在后续的自我学习中持续存在。

（四）深度创设情境策略

从学生在教学过程中的情感体验来看，深度教学是伴随着积极的情感体验的教学。带着情感去学习，不仅可以增进学生对知识的理解，而且能够让知识深入学生的内心，进而达到改造思想、形成信念的目的。深度创设情境，可以使学生的情感体验更加的真实、丰富。创设情境进行课堂教学是课堂教学改革的一大亮点，也是当前广大教师组织教学采取的一种重要教学策略。好的情境能为学生提供充分从事学习活动的资源；能为学生营造自主探究与合作交流的空间；能为学生创造展示其才华与智慧的舞台。在教学过程中，可以创设问题情境、活动情境、生活情境等。问题情境具有一定的难度，需要学生通过努力去克服困难的教学情境。有目的、有选择地创设问题情境，可以激发学生的求知欲，调动学生的内驱力，还可以帮助学生找准思考的方向，明确奋斗的目标，从而让学生真正动脑思考、体验知识生成过程，感悟智慧。可见，推进深度学习，教师需要深度创设问题情境，包括创设冲突性问题情境，创设开放性问题情境，创设层次性问题情境，创设诱思性问题情境，创设探究性问题情境等。活动情境，就是通过各种实践操作活动来创设教学情境。在教学中教师要根据学生的心理特点，创设活动情境，为学生提供操作实践的机会，使学生通过动手、动脑、动嘴，把抽象的知识转化为可感知的内容，让他们尽情地展示自己。可见，推进深度学习，教师还需要深度创设活动情境，包括创设探究型活动情境，创设交往型活动情境，创设体验型活动情境，创设操作型活动情境等。生活情境就是教师通过鲜活的生活素材来创设生活化的教学情境，引导学生走进生活、感悟生活、体验生活、回归生活，从而提升学生的学习效率，实现深度学习。推进深度学习，教师需要深度创设生活情境，包括创设真实生活情境和创设模拟生活情境等。深度创设情境，能够推进深度教学的实施。

（五）批判性教学策略

从学生在教学中的思维层次来看，深度教学应该是批判性教学。根据建构主义理论和后现代理论，由于人们的视界、立场或者采用的认识工具、方法不一样，不同的人对同一事物有不同的认识，而且每种认识都可能是合理的、正确的。因此，在教学过程中，为了让学生更深入地理解所学的内容，教师应该向学生提供"全景立场"，即不同的甚至是相互冲突的观点，让学生通过对比、比较，形成自己的判断，发展自己的理性。这样，学生既能获得对知识对象的深刻认识，还能发展"批判性思维""理性"和"创新能力"等核心素养。如课文《愚公移山》，它是一篇寓言故事，通过愚公移山的故事，表现了我国古代劳动人民坚韧不拔的毅力，顽强改造自然的精神。在分析人物形象时，教师设计了这样的问题：

（1）智叟与愚公在移山问题上的分歧在哪里？

（2）那你认为谁的观点正确？

（3）看来愚公非愚蠢之人，可有很多人说愚公就是一个愚蠢之人，对此你怎么看？

智叟认为："以残年余力，曾不能毁山之一毛，其如土石何？"愚公认为："子子孙孙无穷匮也，而山不加增，何苦而不平？"智叟的观点是眼前的、停滞的观点。愚公的观点是长远的、发展的观点。愚公移山，看到了自己后代子孙们的无穷力量，他说"我儿子又有儿子，儿子又有孙子；孙子又有儿子，孙子又有孙子……子孙会无穷无尽；山不会变，终有一天会移平"，非常理直气壮；而智叟只看到眼前愚公个人的势单力薄，显然看问题片面、死板。可以看出愚公志向远大、不畏困难、坚持不懈；而智叟是鼠目寸光、安于现状、自以为是。

让男生和女生分成两派对两个观点"愚公不愚""愚公实愚"进行辩论，阐明理由，不仅培养了学生批判性思维，同时也加强了学生对于寓言的认识。寓言只是用假托的故事，就某一点来晓喻一个道理，绝不能以今天的科学技术进步来看待愚公的"愚"和智叟的"智"，也不能以今天提倡的"巧干"来要求愚公。通过辩论，学生对寓言的认识就会更加深入。

（六）反思性教学策略

在深度教学过程中所采取的反思性教学策略，不是教师教学后简单回想一下自己教学情况的那种反思，而是一种可重复实验的操作反思，这使得参与反思性教学的教师获得了创造性思考直至创造性解决问题的机会。反思性教学策略要求教师对教学有自觉的意识，在不断尝试反思的过程中培养自己对教学活动进行自我评价的习惯和能力，以及对教学过程进行修正和控制的方法和技能，同时养成对学生的敏感性。这样，教师的监控能力不断提高，面对教学过程中各种问题都可以应对自如。教师只有在教育实践中不断地反观，对自己的思想、心理感受和经验不断地进行反思、总结与提升，将个人理论不断地生成和融合于现实的具体实践活动中，才能在教育实践活动中减少盲目性，增强自觉性，克服片面性，增加全面性，才有可能不断趋向智慧教育的境界。例如：一位教师在反思"解决问题的策略（画线段图）"这一课的教学时，根据学生的年龄特点，对学情进行了分析，四年级学生的思维水平处于具体形象思维向抽象逻辑思维的过渡期，再对教学设计中的教学方法是否符合四年级学生的思维发展水平进行审视。这节课解决问题的主要策略是画线段图，教师可以回顾教学设计中是否体现了"数形结合"的数学思想，从而优化教学设计。教学结束后，教师根据学生的反馈，反思学生在遇到问题时是否能够联想到运用画线段图的策略解决问题，从浅层的学生做题正确率的反思，到深层的数学能力和数学思维形成的反思，再到优化教学设计，从而提高教学效能。

（七）任务驱动型教学策略

深度教学强调要把外在的教学内容转化为学生内在的学习动力和精神力量，而教学内容并不能直接转化为学习动力和精神力量，必须转化为学生能够进行思考操作和加工的教学材料，而教学材料是由教师提供的、蕴含教学意图、能够体现教学内容的载体，即深度教学可以通过设置驱动性的学习任务实现教学内容的转化，在确立教学目标和学习方式后，将教学内容与学生的学习过程进行融合，将分类与概括、证据与推理、模型与解释、符号与表征等具有学科特质的学习活动融入具体的教学过程中，引导学生通过多样化的方式进行问题的解决，所以"学习任务"是学生学习活动多样化、呈现学生思维过程的具体体现，是深度教学的重要抓手。比如学习《故乡》这一课时，教师首先明确本节课的教学目标：学生能够概括故事情节，学会描写人物等。在教学过程中给学生布置这样的学习任务：找出文章中描写少年闰土与中年闰土的片段，并分析作者是通过什么手法去表现了这些不同的？从少年"小英雄"变成了"中年木偶人"，其间闰土经历了什么呢？闰土和杨二嫂分别代表了什么阶层？总结杨二嫂婚后的变化，然后分析作者塑造这两个人物的目的是什么？让学生带着任务去阅读，然后完成这些阅读任务。带着任务去阅读，使学生对《故乡》这篇课文有更加深刻的了解。

二、深度教学的评价

深度教学理念下的评价要以学生知识学习的全面性、深刻性和学习过程的完整性为主线，要求教师不能将学生的知识占有量作为唯一衡量标准，要关注知识的多维教育价值与内在结构的层次性，关注学生知识学习的丰富性过程。评价对课堂深度学习的推进具有重要意义，在深度教学过程中，教师可以通过评价来为学生"搭梯子"，引导学生深入分析、思考学习内容，及时调整学习方法与策略，促进学生课堂深度学习的持续推进。教师对学生课堂学习的评价要及时、全面、准确。"全面"是指在评价的过程中，不仅要关注学习的结果，更要重视学生对学习资源的选择、学习方法的运用、学习时间的安排、努力的程度等方面。"准确"是指不能仅凭刻板印象或者表面现象来评判，而要挖掘现象背后的根源，精准找到本质问题。教师要采取恰当而有效的方式将评价结果反馈给学生。既要"点明"问题，不能因为照顾学生自尊心"隐而不发"，也不能因为急于提醒而过于直截了当。教师要采取恰当的方式、简明清楚地将评价结果反馈给学生，让学生愿意接受并认同评价结果，又能明确改进学习方向，进而不断自我调整，真正实现课堂深度学习的持续推进。具体可以从以下几个方面入手。

（一）评价关注知识教育价值的多维性

以往的学生学习评价具有一定的功利主义倾向。功利主义倾向下"唯分数"的目标"分解"到学习过程中，即教师在课堂上要求"堂堂清"，将知识割裂为零碎的点，要求学生将知识点作为"可数"的工具"占有"。这样的评价指挥棒，导致"零散的""平面的"知识点的泛滥，不能完全发挥知识作为整体的逻辑中所蕴含的内在的认知性教育价值，这一情况进一步阻碍知识个性化的自我意识性教育价值和社会化的实践性教育价值的实现。深度教学是全面的知识教学，要求评价者对学生进行学习评价时关注知识教育价值的多维性。知识具有的多维属性决定了知识教育价值的多维性。一是知识的认知性教育价值。学生视域的开阔度、察觉度、辨析度、概括度、批判度、重组度、预见度、自由度在相当大的程度上受限于他所掌握的知识及所提供的可能边界，即知识本身蕴含的事实和逻辑对学生而言是认识事物本质的先导；二是知识的自我意识性教育价值。学生通过知识所表达的事实和逻辑反观自身、反照现实，以知识为中介逐渐建立个体与全体、自我与世界的联系，从而实现自身社会化与个性化发展；三是知识的实践性教育价值。知识的实践性具体来讲包括三个方面：一是"为了实践的知识"，即教育理论工作者根据学生的学习特点研发出来的知识，要求学生通过多种学习而获得；二是"实践中的知识"，即学生在日常学习和生活中通过经验积累的知识；三是"实践性知识"，即学生根据问题解决的需要，超越正式知识与非正式知识、结构性知识与非结构性知识等。整合前两个方面的实践知识而形成的知识体系，因而知识的实践性教育价值集中体现在知识实践性的第三方面，即超越知识的认知性与自我意识性教育价值，发展自身的主观能动性，将创新性与创造力运用于实际问题解决情境中。实现知识教育价值的多维性，要求评价者在对学生的知识获得进行评价时，要综合运用多种评价方式，科学评价学生在不同阶段、不同学科的知识获得。评价不仅要关注知识对学生的认知性教育价值，还要关注知识引起学生的自我意识觉醒的贡献程度，以及在实际生活与学习过程中知识对于学生的实践能力或问题解决能力提升的贡献程度。

（二）评价关注知识内在结构的层次性

深度教学是深刻的知识教学，要求评价者对学生进行学习评价时关注学生是否把握知识内在结构的层次性。深度教学强调在教学过程中，透过知识符号所表示的事实层面，分析知识所代表的世界的本质及其规律，把握知识所表达的思想方法及价值意义。而对知识内部结构的把握，体现了学生自我与知识所呈现的客观世界之间的理解与关联程度，还体现了学生从知识学习中，深化自我与世界、事实与价值、历史与现实、现象与本质、局部与整体等认识之间的双向循环程度。因而，一方面，深度教学要求教师在教学准备过程中，要全面分析、深入挖掘、灵活整合教学资源，为呈现某类知识完整的内部结构、几种知识之间的对应关系准备充足的资源，从而实现对某类知识进行从符号表征到意义建构的深度解读、将孤立的知识之间进行有意义的连接，引导学生将知识以整合的、关联的、情境的方式存储于记忆中。另一方面，深度教学关注学生在把握知识符号的基础上，是否在知识学习过程中表现出积极的意义体悟、有效地实现知识迁移、科学地概括学科思想与学科方法、灵活地运用知识与技能。学生要把握知识内在结构的层次性，要求评价者在对学生的学习进行评价时，创设多元化的评价情境，评价教师和学生在不同情境中的表现。教师将教学设计合理地渗透在创设的多元化情境中，学生在教师创设的不同的情境里自由地表现自己的所学所获，评价者才能科学地评价学生知识掌握的程度。

（三）评价关注学生学习过程的丰富性

深度教学是关注过程的教学，要求学习评价要关注学生学习过程的丰富性。教师引导学生学习，不能只规定学生必须学习哪些内容，甚至仅仅是描述知识点，而应该明确描述学生必须经历哪些学习过程、完成哪些学习任务、经历哪些学习方式、学习到什么样的深度等问题，使学生能更充分的投入学习。教师在整个教学过程中，应充分引导学生参与教学过程，而不是"满堂灌"，从而将学生学习过程的丰富性体现于明确的任务性、过程性、方法性规约之中。关注学生学习过程的丰富性，要求评价者在对学生的学习进行评价时，构建合理的过程质量标准，规范并丰富学生的学习过程。科学合理的过程质量标准将确保学习评价充分发挥导向正确、鉴定科学、激励到位、诊断无误、调节得当、监督合理、管理有序的作用，并以过程为发力点，锚定学生的学习过程。当评价指向具体可操作且科学合理时，学生在学习过程中就更能目标明确、方向清晰，从而有效地实现学习的过程价值。

深度教学要求评价关注知识的多维教育价值、知识内在结构的层次性、学习过程的丰富性，因而学习评价亟待突破单一的评价方式、脱离抽象的评价情境、摒弃忽视学生学习过程质量的评价理念，开展深度教学理念指导下的评价实践，引导学生的学习真实发生。如何恰当运用评价功能，激发学生个体潜能的发展，营造一种热烈而又轻松和谐的学习氛围，笔者认为，要做到以下几点。

1. 合理运用评价的激励作用，捕捉学生的闪光点

有人说："教师的语言如钥匙，能打开学生心灵的窗户；如火炬，能照亮学生的未来；如种子，能深埋在学生的心里。"及时对学生运用肯定性、激励性的评价，有利于提高学生学习的积极性和主动性，从而产生强大的内驱力。一般来说，评价的激励作用主要表现在两个方面：一种是对优秀反馈信息的激励。如某个学生对问题有自己独特的见解，教师就可评价："你与众不同的见解真是让人耳目一新""你的观点太富有想象力了，太具有创造性了"等；一种是对学困生的激励。他们往往缺乏自信，此时，教师的激励性评价的作用尤为重要。这就要求教师必须善于从学生的反馈信息中，迅速而敏锐地捕捉到其中的闪光点，并及时给予肯定和表扬，把爱的阳光洒向那些易被遗忘的角落，使他们在引导激励下看到自己的能力和进步，从而增强学习信心，并逐渐由学困生转向优等生。如平时不爱发言的学生，他的发言中哪怕只是有一丁点儿合理的内容，也应及时给予肯定。一位高素质的教师，他的教学评价应具有强烈的启迪性、精当的指导性，切忌评价过于笼统模糊，如"好、真好、真棒"，应有针对性，有的放矢，不仅使学生准确了解自己的学习状况，知道努力的目标，也会让他们感到一种受到关怀后的温暖。

2. 合理把握评价的时机，及时评价学生的学习过程

人的内心深处仿佛都有一种被肯定、被尊重、被赏识的需要。为此，课堂中教师应用赏识的眼光和心态，去寻找每一个可以赏识的对象，认真了解学生、分析学生，情真意切、实事求是地肯定学生的优点，唤起学生学习的激情，让他们品尝到成功的喜悦。课堂评价要注重温度，教师的赞美之情溢于言表，让学生有一种被尊重、被赏识的感觉，树立学生的自信心，激发学生的参与欲望。更要注重深度，对学生的评价客观、公正，有极强的针对性、启发性、指导性，让学生在积极参与的同时，明确自己的不足，确立自己的目标。只有这样，我们的课堂评价才能具有实效性。

3. 运用多样化的评价方式，全面评价学生的知识获得

课程标准强调："评价方式多样化体现在多种评价方法的运用，包

括书面测验、口头测验、开放式提问、活动报告、课堂观察、课后访谈、课内外作业、成长记录等，在条件允许的地方，也可以采用网上交流的方式进行评价。"知识获得的方法、途径是多样的，评价方式也应该是多样的。评价方式的多样化，可以激发学生学习的动力，提高学生的学习热情，增强学生的成功感，让他们主动学习知识，同时激励他们更全面和谐地成长学习，教师也能提高教学效率。从全面培养学生的素养出发，建立评价主体多元、评价内容全面、评价方式多样的评价体系，将有效地改进教学，促进学生的发展和提高。

4. 突出评价的发展性，体现评价的差异性

评价与考试改革的根本目的是为了更好地促进学生的发展，改变评价过分强调甄别与选拔功能，忽略改进与激励功能的状况，突出评价的发展性功能是学生评价改革的核心，是教育过程中的一个重要环节。学生的发展需要目标、需要导向、需要激励，评价功能与教育目标是一致的，突出评价的发展性功能还体现了"一切为了孩子发展"的教育理念。学生不是生产线上统一规格的"标准件"，学生之间的差异是客观存在的，每一个学生具有不同于其他人的素质和生活环境，都有自己的生理特点，都有自己的爱好、长处和不足，这一系列因素都会导致学生间存在差异。学生的这种差异往往不仅表现在学习成绩上，还包括心理特点和人生观、价值观等诸方面，可以说，每一位学生成长经历的差异都会导致学生的发展轨迹和速度有所区别。所以，一定要突出评价的发展性，体现评价的差异性，让每一位学生在原有基础上都得到发展。

第二章 基于深度教学的
小学语文阅读教学研究

第一节 小学语文阅读课堂深度教学的意义

雅斯贝尔斯在《什么是教育》里指出："训练是一种心灵隔离的活动，教育是人与人精神上的契合、文化传递的活动。而人与人的交往是双方之间的对话和交换思想，这种我与你的关系便是人类历史文化的核心……所谓教育，不过是人对人之间的灵魂和肉体的交流活动。"深度教学就是拷问学生心灵的教学，学习者深刻挖掘并掌握知识的内涵，主动建构个性化的知识体系和意义系统，并有效迁移运用于解决真实情境中的问题，追求在获得知识意义、建立学科思想、发展学科能力、丰富学科经验的基础上养成学科核心素养。[①]

一、促进学生发展

深度教学是在新的知识观和学习观的基础上对教和学的探索与诠释，在语文阅读课堂上进行深度教学，有利于培养学生的语文素养，切实落实语文教学工作，将语文知识与生活实际联系。深度教学能促进学生的发展，首先深度教学能深入语文阅读课堂，教会学生语文知识，帮助学生学会迁移知识，运用所学知识解决问题；其次，深度教学是理解性的教学，可以克服当前语文课堂上存在的过于注重形式、时间、技术

---

① 郭元祥. 论深度教学：源起、基础与理念 [J]. 教育研究与实验，2017（3）：1—11.

改变等教学表面性和浅层性的局限，了解语文学科的本质，培养学生的语文能力，适应社会发展，形成语文核心素养；最后，深度教学还是触及心灵的对话式教学，他能推动学生理解知识并迁移知识，能够让学生与文本进行心灵沟通，深度沉浸在文本知识中，从而引导学生进行深度学习。

（一）提升学生运用语言文字的能力

语文是人类文化的重要组成部分，更是人际交往的重要工具，是工具性和人文性的统一。[①] 语文阅读教学要教会学生语文知识，学会在生活中运用所学知识，叶圣陶先生说语文就是学习运用语言本领的。在应试教育大环境下，小学语文阅读教学更看重知识的占有与记忆，知识教学更多的是浅层的符号教学，将语言独立于学生主体传授。汉语言文字本身就是一种极为复杂的文字，包含丰富价值与意义，在不同的环境有不同的用法，表达的含义也不尽相同，这使得语言文字本身具有一定的内涵。课堂教学如果一直停留在表层教学，小学生会难以理解中国文字之美及文字表达的情感和精神，在日常生活中就无法运用语言文字表达自己的想法。

语文的工具性决定了语文教学的最终目的就是能够掌握运用语言的本领，表层的、表面的阅读教学只是把学生作为知识的"容纳器"，将知识与学生个体分隔开。深度教学是理解性的教学，深度教学的课堂是理解性的课堂，不是灌输性的课堂，"教学是一种生活，是教师和学生的生活。有人类生活，就有人的理解活动发生，理解与教学相伴而生。"学生只有理解所学知识，才能在生活中运用语言文字。学生在学校学习知识不是为了学习而学习，希望通过对知识的理解，内化知识领悟其内涵，学生在生活中能够熟练运用所学知识，提高学生运用语言文字的能力。

---

① 中华人民共和国教育部. 义务教育语文课程标准 [S]. 北京：北京师范大学出版社，2012.

（二）综合培养学生的语文学科素养

核心素养是基础教育学者们所探讨的热门话题。核心素养是学生在接受相应学段的教育过程中，逐步形成和发展起来的适应个人终身发展和社会发展所需要的必备品格和关键能力。语文核心素养指学生通过语文教育教学形成和发展起来的具有稳定性和可持续发展性的语文必备品格和关键能力，具体来说是指语言的运用、文化的理解、思维的形成和审美的鉴赏，语文核心素养的培养需要通过语文教学来实现。"核心素养确实对'怎样培养人'提出了要求，但它并没有解决这一问题，而只是回答了'培养什么人'的问题。'怎样培养人'这一问题，只有通过教育教学过程的变革与发展来解决。从教学的层面来看，要使核心素养落地，必须实现'深度教学'。"①

培养学生的语文核心素养需要教师在语文阅读教学上进行深度教学，需要教师能够和文本对话、理解知识内涵、开发教材思想和更新自身的教育教学观念。李镇西曾言："语文教学的最高境界应是语文教育——塑造健全人格，提升心灵境界，丰富思想情感，发展创造性思维，鼓励评判精神，培养科学品质。"这与语文核心素养的要求相吻合，以语文深度教学的实施，来达到语文教学的最高境界，培养学生的语文核心素养，让学生能够主动适应社会的发展，在社会竞争中不被淘汰。沈建忠认为语文深度教学就是在充分了解学情的情况下，在学生认知发展水平上设计具有挑战性的教学内容，提升学生的认知高度，唤醒学生的批判意识，使学生不断获得丰富的学习体验，掌握必备知识和能力，提升学生的语文核心素养。②

（三）引导学生进行深度的阅读学习

深度学习是与浅层学习相对应的，深度学习指的是在真实复杂的学

---

① 王银飞. 基于学生发展核心素养培育的深度教学探讨［J］. 课程教学研究，2020（2）：37－42.

② 沈建忠. 语文深度教学的实施路径［J］. 中学语文教学参考，2019（5）：21－24.

习过程中，学生借助已经掌握的本学科知识和跨学科知识，通过各种思维活动和技能解决实际问题，培养辩证批判性思维、创新能力、合作精神和交往技能等认知策略。[①] 但在一线教学中，普遍存在浅层学习，学生迫于外界压力不得不学习，并不是自愿学习，而是应试教育的学习，应试教育与灌输式教育占主导地位，学生对书本知识一知半解，课堂教学还是填鸭式的教学，教学更注重知识符号的学习，将知识作为独立的个体去学习。学生学习的是书本上的表层知识，学生无法理解知识内涵，更无法将所学知识迁移到真实情境中去，更难用于解决实际问题。这样的课堂是浅层的，是无法深入到学生内心的，与学生达不到心灵的沟通与共鸣，更无法引起学生的深度学习。

深度教学是一种教学理念，也是一种教学模式，是为了改变这种浅层教学应运而生的。教师具有深度教学理念，在课堂上进行深度教学，才能与学生产生精神上的共鸣，达到心灵沟通，深度教学是触及心灵深处的对话式教学。教师引导学生理解课本知识的内涵，了解知识内核，培养学科思想，让学生进入深度学习。深度学习要求学习者能够批判性地学习新的思想和知识，并将其与原有知识经验相结合，融入原有的认知结构中，建立思想之间的联系，并将已有的知识迁移到新的情境中，做出决策和解决问题的学习。因此，小学语文课堂上只有进行深度教学才能触及学生的心灵，引导学生进行深度学习。有的人推崇"教少学多""方法至上""'让教'于学生"，如果能够做到这些，便能抵达"深度教学"的境地，也自然能实现学生的"深度学习"。[②]

二、提升阅读教学品质

要让课堂变得更有内涵，更有质量，应着力于提升阅读教学品质，

---

① 李平. 为深度学习而教：深度教学的理性追求和实践策略研究 [D]. 南京：南京师范大学，2014.

② 冯卫东. 张云峰. 教学其实也是一个例子——兼谈一种语文单元教学"实验"[J]. 上海教育科研，2015（8）：51—54.

转变学生的知识观和学习观。当前教学主要以学生学习和掌握知识符号为主要教学目标，课堂教学依然是浅层化的教学，教学质量和品质有待提高，希望通过实施深度教学，引导学生深度学习，切实提高课堂教学的品质。[①] 深度教学是理解性的教学，强调为理解而教，为思想而教，为意义而教，在小学语文阅读教学中实施深度教学有利于提升阅读教学品质。

（一）有利于教材的深度解读

于漪说文本解读是语文教师的"坎"，要陪伴语文教师一辈子，因为时间和空间的差异，作者与读者之间的想法不一致。小学语文课堂阅读教学过程中，文本解读占有非常重要的位置，文本解读是否透彻决定着课堂教学的效果。文本解读看似简单容易，但深入课堂后发现，文本解读仍然是困扰教师学生的一大难题。语文教师需要指导学生正确地进行文本解读，有效地提高学生阅读能力、欣赏能力、审美能力。文本解读不是随意解读，要确保解读的有效性。文本解读一端是作品，一端是读者，作品的那端凸显的是作者的原意，读者的这端凸显的是读者的主观意愿。文本解读有三层含义：一是作者的原意；二是文本的意义，指作者当时未曾想到，因历史变迁而产生的丰富含义；三是读者含义，是读者根据自己人生经验而解读的含义。语文深度教学应是在充分把握这三层含义的基础上，通过设计具有挑战性的教学内容，培养学生的认知发展。提升课堂教育涵养必须超越对象化静态的知识观，建立知识的教育学立场，克服对象化教学的局限性。课堂教学中必须引导学生获得完整的知识，但在阅读课堂中如何看待知识，处理知识，教学是否实现了知识的教育价值都决定了课堂教学的品质。实施深度教学有利于教师对教材的深度解读，获取知识的价值，提高课堂教学质量和效果。教材的真正价值是超越教材本身，从学科知识出发，挖掘教材背后的知识与意

---

① 郭元祥. 课堂教学改革的基础与方向——兼论深度教学 [J]. 教育研究与实验，2015（6）：1—6.

义，这是深度教学的内在追求。

（二）有利于课堂内容的整合

姚林群觉得在课堂实施深度教学就要特别注重将教学与学生的生活联系在一起，深度教学下的教学内容不再是静态的、线性的、一成不变的客观知识，而是一种动态的、具有"经验性""实践性"的知识存在。[①] 在课堂实施深度教学有利于将学生的生活经验与客观知识联系，扩充课堂教学内容，更有利于教学内容的整合。

传统阅读课堂中的教学主要以书本知识为主要教学内容，但在未来社会人们遇到的问题更具有开放性和综合性，仅仅依靠某方面的知识难以解决实际问题，需要调动多角度、多维度、系统性和综合性的知识与多方面的能力。[②] 这要求学生学习多方面知识，目前学校教学内容主要以教材为主，阅读教学内容分裂开，教学以课时为单位。深度教学是触及学科本质的教学，也是发展性的教学，它要求在课堂教学过程中，学生以知识理解为主，了解知识背后的内涵，将知识与学生的生活经验结合起来，这有利于整合课堂内容，以单元或以主题为导向进行教学，课堂资源整合有利于学生对知识完整的理解，提高阅读教学品质。

深度教学要求学生不再是学教材，而是用教材学习，教材只是学生深度学习的载体。2019 年秋全国中小学生统一使用语文部编版教材，该教材突出特点表现在：一是"双线并行"的内容编排；二是重视传统文化学习；三是加强阅读能力训练；四是板块设置对接核心素养。这对传统教学模式提出挑战，不能再将课文内容分开来学习。深度教学要求教师要深度解读教材，理解知识内涵，将课文知识串联起来，围绕教材单元的人文和语文要素"双线主题"进行教学，学会整合课堂教学内容，拓展学生阅读宽度，发展学生思维。

---

①　姚林群，郭元祥. 新课程三维目标与深度教学——兼谈学生情感态度与价值观的培养 [J]. 课程·教材·教法，2011（5）：12－17.

②　朱开群. 基于深度学习的"深度教学"[J]. 上海教育科研，2017（5）：50－58.

第二节　基于深度学习
小学语文阅读教学的对策及建议

一、教学目标上：泛化与精细结合，发展高阶思维

教学目标是教学活动的出发点。语文深度学习主张"语言知识积累"与"情感文化体验"相契合，"泛化"与"精细"相结合。"泛化"与"精细"相结合指的是教学目标的设计不能只依赖教参，要以课程标准为准线，依据教材内容，统合单元目标，从学生的实际情况出发，瞄准于学生高阶思维能力的培养。

（一）基于核心素养，统筹单元目标及三维目标

首先，深度学习视角下的教学目标设计要关注核心素养，进一步彰显教学内容的结构化。教学的主要目标不再是单纯地获取知识，而是要拓宽文化视域，把握文本背后的文化底蕴。例如教师讲授《北京的春节》一课，其教学目标设计为：

1. 通过自主探究、合作研讨的方法，理解课文依据一定顺序、详略结合的写法，感知文章语言特点。

2. 默读课文，感受北京春节的喧嚣氛围。

3. 查找资料，联系生活了解节日习俗背后的民族文化、传统文化。

语文核心素养的重要组成部分之一是文化传承与理解，该教学目标设计中让学生联系生活经验了解习俗背后的传统文化正是契合了语文核心素养的这一要求，引发了学生对深度文化视域的沉思。

其次，深度学习视角下的阅读教学要有机整合单元目标、三维目标。以"单元主题"为主干，使单元维度下的文本内容更具结构性。例如，《夏天里的成长》一篇课文，教师设计如下教学目标：

1. 知识与技能：会写"棚、苔、藓"等9个生字。

2．过程与方法：默读课文，找出整篇文章的中心段以及 2－4 段的中心句，结合第二自然段，感知文章表达中心意思的方式；能够结合自己习作的实际需求，以"沈阳的下雪天，天冷得发了狂"为主旨，从不同方面围绕中心句进行具体描述。

3．情感态度与价值观：品味文章中蕴含的韶光易逝、珍惜时间的思想情感。

4．本单元目标：一是体会文章是怎样围绕中心意思来写的；二是从不同方面或选取不同事例，表达中心意思。

故该教学目标在过程与方法目标上设计为：找出文章中心段以及各段落的中心句，并以"沈阳的下雪天，天冷的发了狂"为主旨，让学生自选角度围绕中心意思写，从而掌握从不同方面围绕中心句进行具体描述的方法。结合文章内容，联系生活实际，这样的目标既整合了单元目标，又遵循了三维目标，同时也契合了学生学情——孩子平时的习作经常出现无法确立文章的中心意思和不会围绕中心意思恰当选材的现象。

（二）目标要有一定难度，提升高阶思维水平

首先，基于深度学习下的阅读教学目标要设计有一定难度的挑战性问题。阅读教学中的问题设计要基于阅读核心知识，问题本身清晰明了，但需要学生经过认真思考、交流探讨才可以回答出来，这样的目标才能发展学生的创造性、思维力。例如，课文《圆明园的毁灭》，本课教学目标教师设计为"了解圆明园的毁灭，感受课文中饱含的爱国之情。"教师的阅读主问题可以设计为"为什么一座园林的毁灭，竟然被称之为'家国之殇'呢？请同学们认真思考，分别用一个词来概括每个自然段的大意。"这样的问题设计基于教学目标，整合单元人文主题"家国之殇"，可以让学生厘清课文每个自然段的脉络结构，对学生来说，是有一定难度的，又能够促进学生高阶思维能力发展的。

其次，深度学习要求学生关注核心重点知识，所以在阅读课上要将教学目标转化为清晰的学习目标。即明确本节课学习目标，让学生了解本节课的重难点。目标设定得再完美，学生无法清晰感知，就难以掌握

课堂的核心重点知识。比如教师在教授《只有一个地球》这一课时，是这样导入的：

师：上节课，我们一起初步感知了文章大意，这节课我们又有了新的学习目标。（课件出示学习目标）

（1）理解文章内容，概括文章段意。

（2）学习作者文中的写作手法。

（3）树立保护环境的意识。

师：我相信，经过我们的努力，一定可以完成学习目标。

教学目标设计得再好，也要转化为学习目标让学生清晰感知。该教师在阅读课上主动出示学习目标，使学生关注到了本节课的核心阅读知识，就能在关键环节处保证学生的参与度、集中学生的注意力，这也是深度阅读课堂高效实施的重要环节。

二、教学内容上：深度与广度整合，建构知识体系

教师的知识储备可以拓宽学习者的阅读视野，如提供作者其他同类型的文章或引入与本文题材相关的其他作者文章供学生进行拓展阅读。这就要求教师充分备课，精心准备资料，促进学生知识的意义建构。

（一）联系生活，拓宽文本解读深度

文本解读的深浅影响着阅读教学的效果，也是检验阅读课堂深度学习是否发生的重要依据。教师可以基于文章写作背景，带领学生从基础的语句欣赏出发，并站在作者的角度深度思考文本背后的情感，必要时也可以结合生活背景去探索文章的现实意义。这样的文本解读从多角度出发，在把握阅读核心内容的基础上，促进学生学习的全面性、深入性。这样的课堂具有思维启迪性，师生一起在深层次的文本解读中实现深度阅读。

例如，《伯牙绝弦》一课，虽是文言文，但并不难理解，本课的难点在于让学生理解什么是"知音"，要想理解"知音"，就要让学生知晓为什么"子期一死，伯牙就要绝弦"。首先，教师可以结合文意引导，

使学生理解是因为知音难遇，子期的死让伯牙感受到世上再无知音。其次，教师可以结合文章背景引导，伯牙与子期认识之前，伯牙已经是一名著名琴师，那时的他已尝遍无人理解的孤苦，子期的出现点燃了他孤寂世界的一盏星火，但随着子期的离开，灯火熄灭，想到知音难觅，伯牙也就摔破琴，关闭心灵。最后，教师可以结合现实生活这样引导，我们每个人也在苦苦寻觅自己的知音，但知音难求，我们应该把寻觅知音作为人生追求，遇到知音应该倍加珍惜，失去也应坦然面对，振作精神。

（二）建立联结，延展文本内容广度

这儿的"广度"是指教师结合学生的学情，根据阅读内容的特点，适时整合阅读文本，帮助建构新旧知识间的联系，从而使学生深入文本，促进学生的思维能力提升。教师要充分备课，加强教学反思，对文本内容进行多元化的解读。只有这样的阅读教学才是深度阅读，才能提高阅读课堂的思想力量和思维深度。

首先，促进新旧知识间的整合建构。教材中的内容不是孤立的存在，新的知识结构其实在先前的文章内容中已有伏笔，教师做到延展文本内容，才能更好的帮助学生建构运用。如《夏天里的成长》一课，以中心句"夏天是万物迅速生长的季节"来引领全文，分角度分层次阐述夏天的"长"。"围绕中心意思写"的课文学生已有接触，如《富饶的西沙群岛》《桂林山水》《每一片土地都是神圣的》等，教师可以提前制定任务单，通过课堂练习，让学生从这三篇文章中任选一篇，写出它的中心意思和具体从哪些方面描写的，并以树状图的形式梳理"根部"——中心句，"枝干"——围绕中心句描绘的具体方面。

其次，以群文阅读的形式链接相似文本，提高学生认知水平。群文阅读是围绕某一核心主题，整合多个阅读文本，使学生能够更深刻地领悟主旨内容。群文阅读复杂情境中的阅读学习，能够使高阶思维活动变得丰富起来。如窦桂梅老师在讲授《牛郎织女》一课时，就通过群文阅读的形式开展，链接了《梁山伯与祝英台》《白蛇传》《孟姜女》三个民间传说故事，让学生共同学习中国民间四大爱情故事，并让学生从题目、相关人物、故事梗概等方面对比四个故事完成读书报告单。[①] 通过对比，窦桂梅老师引导学生总结感悟"正是这样生生死死、至死不渝的爱情，才让我们这一代又一代的人，因为情感的给予，活出了美满生活的意义。"窦老师以《牛郎织女》一课为主线，通过链接其他三个民间传说故事，在学生心中播下了一颗"爱"的种子。

三、教学方法上：自主与合作共存，创设批判型课堂

落实深度学习，最重要的在于以生为本。让学生在课堂上有充分的思考时间和充足的研讨时间，这是产生深度学习的保障。新课改强调以生为本，让学生在合作研讨中去获得发展。批判型课堂的主要特征是让学生敢于质疑，促进批判性思维能力的发展。因此，要想促进学生深度学习，必须充分利用自主学习与合作学习，构建批判型课堂。

（一）发挥学生课堂的自主性，释放个性

传统的阅读课堂上，以教师为主体，教师围绕文本段落进行讲解，旨在让学生读懂文章，掌握字词。基于学生自主性的批判型阅读课堂旨在促进学生深度学习、深度思考，其教学结构主要是让学生预先独立阅读，然后提出疑问，在个性化的感悟中习得新知。

首先，设计预习作业，让学生自主进行批注式阅读。部编版语文教材在四年级下册就进行了批注式阅读的训练，且高年级学生已然具备了一定的独立阅读水平，教师可以大胆设计一些课前小任务，如让学生自主查阅文章写作背景、作者人物简介等资料，并在课堂上分享交流，而不是课堂课件直接出示教师搜集的资料让学生读一读，学生自己查阅的背景资料，也会使得知识整合得更深入、理解得更透彻。其次，教师要做好引导。充分发挥学生的自主性并不等于放任学生，而是要适时引导学生在质疑与释疑中，产生新的思维见解。最后，引导学生批判性阅

---

① 窦桂梅. 听窦桂梅老师讲新课［M］. 上海：华东师范大学出版社，2016.

读。一节好的阅读课堂绝不是看教师教的如何，而是要看学生学的如何。学生学习的主动性和积极性，是受教师所创设的课堂环境所影响的。教师的语言魅力、阅读主问题设计，都影响着学生的批判性思维水平。

例如，教师在讲授《将相和》一课时，教师让学生课前自主阅读文章，找出能够体现蔺相如与廉颇不和的句子并做好批注，学生通过自读发现，廉颇对蔺相如不友好的原因是蔺相如"靠着一张嘴"就得到高官厚禄。这时，教师设疑提问："蔺相如真的只是靠着一张嘴吗？"这样的矛盾问题带给学生主动探究的兴趣。教师继续聚焦故事情节，带领学生抓住"完璧归赵""渑池会面""负荆请罪"三个故事分析人物特质。最后学生们通过自己个性化的理解表达对蔺相如的认识，如："在'完璧归赵'故事中，我感受到了一个有勇有谋、无畏强权的蔺相如"；"通过'渑池会面'这个故事，我觉得蔺相如临危不惧、非常勇敢"；"在'负荆请罪'这个故事中，我感受到蔺相如是一个深明大义的人"。这样的阅读教学，充分发挥学生的自主性，以思维支架辅助学生感受蔺相如的言行，深化学生对文中人物形象的解读。

（二）建立完善的合作研讨机制，敢于质疑

深度学习注重学生与他人在学生活动中的交流研讨，合作学习作为常用的教学方式之一，对于打造深度阅读课堂具有重要意义。但传统课堂的合作学习流于形式，不能够有效促进学生深度学习。每个人的思维都具有一定的局限性，将一个具有挑战性的问题让学生研讨，利于问题脉络的"深度"延展，也更加能提高学生的高阶思维能力。

建立完善的合作研讨机制，最重要的是创设多样化的小组研讨形式。在传统阅读课堂上，教师经常说道"请前后四人为一小组，通过合作学习的方式来讨论一下我们这个问题"，单一的讨论形式使学生感到枯燥乏味，是造成阅读课堂合作学习形式化的主要原因之一。深度学习下的多样化小组研讨，是围绕阅读主干问题，学生以兴趣、友谊关系等多元标准自由组合为三至五人的小组，各成员之间分工明确，自由交

流，达成共识。研讨成员分工主要有：负责查找资料的资料员、与教师及其他组进行交流的联络员、负责记录整理观点的记录员以及重点词句再研读的组织员等。首先，教师引领学生自由组建小组，聚焦问题；其次，组内做好任务分工，分别查阅资料；再次，成员之间互相交流观点，记录结论；最后，达成共识，得出研讨结果。这样的研讨形式有以下优点：一是深度研讨阅读问题，集思广益；二是借助小组合作形式，使问题的讨论深度延展；三是多样化的研讨形式利于发散思维，激发学生兴趣。

例如，在讲授《枫桥夜泊》这首古诗时，首先在课程开始前，教师要制定好任务单，选取小组长负责任务内容的填写以及记录小组积极发表见解的次数。其次在授课时，在让学生感受到诗歌的意境——"愁""寒"的基础上，引导学生发现诗歌情境与生活经验的矛盾之处：为什么作者一个人独自漂泊在深秋的江边？由质疑引导学生合作探究，让学生大胆猜想，然后经过独立思考、组内交流、达成共识，各小组汇报如下："我们组同学认为诗人是独享清闲"，接着遭到其他小组成员的质疑反对，"我不同意他们的看法，我们组认为诗人是因为家庭条件窘迫"，另一个小组则表示"我们组意见和他们都不一样，我们觉得诗人是遇到了悲伤的事情"……教师适时追问，究竟哪一种更符合当时诗人张继的心境呢，由此引导学生查阅作者生平以及诗歌创作背景资料，明确诗人深秋漂泊的原因。这样的研讨过程，是让学生在讨论思考中构建诗词阅读的思维框架，在各小组的质疑发言中展开头脑风暴，使得学生的高阶思维能力不断发展。

四、教学评价上：主体与标准多元，采取表现性评价

教学评价是基于深度学习的语文阅读教学重要的环节之一。多元化的评价方式更有助于教学目标的达成，评价结果也有利于学生进步和教师提高。

（一）评价主体和标准多元化

首先，评价主体多元化。传统阅读教学中的评价多以教师为主，基于深度学习的阅读教学评价主体理应多元化。一方面，鼓励学生开展自评。当阅读课接近尾声时，让学生对自己的整节课表现进行评价，学生经过自我评价反思，更有利于其动态发展。另一方面，鼓励开展生生评价。同学之间的评价能够更贴近学情，生生互评的过程也是每个同学自我反思的过程，通过生生评价也更加能够深入走进文本，达成共识、共进的目标。

此外，基于阅读课堂"1＋X＋1"教学模式开展评价。第一个"1"为课前展示，让学生充分展示课前自主预习成果；中间的"X"即为本节课重点教学过程；最后一个"1"为两分钟生生评价环节，留有专门时间让学生评价自己或他人的本节课表现，交流反思。

例如，在学习《父爱之舟》一课时，可以这样运用"1＋X＋1"教学模式开展评价。首先，第一个"1"，即课前展示环节，学生通过自主预习课文内容，配乐欣赏吴冠中《周庄》这幅画，说一说自己理解的"画中小舟"；其次，中间的"X"，即教学过程，主要抓住"动心""缝补棉被"等细节描写，通过读思结合等方式来感受父爱的深厚；最后一个"1"，即生生评价环节，让学生评价自己或其他同学本节课学习表现，如在实习期间的阅读课堂上，同学们是这样评价的："我觉得我这节阅读课表现得很好，以前我都不敢主动发言，今天在寻找文中关于'父爱'的句子这一环节中，我主动发言了两次，而且都得到了老师的肯定，下节课我要继续多多思考、勇敢发言。""我觉得 H 同学表现很好，他在朗读第8、9自然段关于父爱的细节描写时，读的很有感染力，我要向她学习。"这样的自评和互评环节，给阅读课堂注入能量，使阅读教学丰富而又生动，促进学生互相学习和进步。

其次，评价标准多元化。传统阅读教学评价以测验成绩为主，课堂上一般较为关注学生回答问题的准确性，忽视对学生的朗读表现、课堂积极性表现等的评价。阅读是学生的个性化行为，是为了让学生在读中发展语用能力，在读中提高语文素养。学生是发展中的人，每个学生都有自己的个性特点。不让书面成绩成为学生阅读学习唯一的评价指标，从而使学生在多元标准的评价体系中得到发展。

例如，在学习《七律·长征》一课时，对学生的阅读学习评价可以从朗读韵味、学习投入、沟通交流能力等方面出发。首先从朗读韵味入手，如："你的朗读很有气势，老师眼前仿佛出现了逶迤的五岭"；其次从学生的投入状态评价，如："表扬你的胆量，乐于思考、勇于发言就是好孩子"；再次从学生的沟通交流情况评价，如"你今天积极参与讨论，能够主动与小组同学交换对红军精神的领悟，值得表扬"。通过这样多元化的标准评价，加深学生对于长征艰辛的深刻理解以及对于红军勇敢无畏的革命主义精神的深刻感悟。

（二）实行表现性评价

表现性评价是一种注重学习过程的评价，它指的是在真实或虚拟的生活环境下，引起学习者反应，教师通过观察学生在学习过程中解决问题、批判性思考、合作研讨等多种能力发展情况而产生的评价。表现性评价能够激发学生思维能力发展，故指向深度学习，也可以有效帮助教师调整教学过程，改进教学效果。[①] 传统的阅读教学评价形式单一，重结果轻过程，从而启发性不足，难以激发学生进一步思考。基于深度学习的阅读教学评价使得教、学、评一体化，可以通过创设戏剧游戏等方式进行表现性评价，让学生在浸润沉思中获得启发。

例如，《草船借箭》一课，教师运用角色扮演这一方式创设表现性评价情境，让课堂演变成师生互动、生生互动的微型剧院，教师课前帮助学生梳理文本内容，将任务扮演内容分配于学生。"戏剧游戏"分为解读文本、编创文本、演绎角色三个环节组成，在学生依据文本进行角色扮演的过程中，教师对其故事理解能力、创新能力、言语表达能力等

---

① 周文叶，陈铭洲. 指向深度学习的表现性评价——访斯坦福大学评价、学习与公平中心主任 RayPecheone 教授 [J]. 全球教育展望，2017（7）：3—5.

方面的表现进行评价，从而帮助学生深刻感悟文中曹操、诸葛亮等人物形象。这样的评价方式，更具情境性，也促进了学生高阶思维能力的发展。

五、教学效果上：习得与迁移联结，促进深度应用

深度学习的关键在于教学过程中迁移的关联性，这样才能够真正使"浅表化"的阅读教学走向深层。"习得"是"迁移"的保障和前提，创设具有质疑性、启发性的阅读情境，方能促进学生获取知识并应用知识。

（一）创设阅读语境，促进知识习得

为增强阅读教学成效，教师需提高自身的文化知识，加深对深度学习的理解和认识，从而创设深度阅读语境解读文本，利于学生习得知识。

首先，教师要更新自己的教育理念，丰富自身理论基础。有的教师表示"学校没有进行深度学习的理论培养，所以不太了解这方面的知识"，其实不然，终身学习是教师职业道德的要求之一，教师要查阅一些新的文献资料，及时捕捉深度学习理论的发展讯息，从而丰富自身的知识结构。

其次，依据深度学习理论，创设深度阅读语境。教师可在文章前后具有矛盾处创设疑难情境，使学生在疑难情境中，充分发挥自主性构建知识体系、深度思考、习得知识。如教师在教授《圆明园的毁灭》一课时，教师可以在学习完二至四段后，设计一个这样的问题：文章标题是"圆明园的毁灭"，作者为何用大幅度笔墨描绘"圆明园的辉煌"。这样的问题可以使学生将昔日的辉煌与如今的毁灭相对比，更能够以爱激恨，为学生深入领悟文章中对侵略者的愤懑之情以及对圆明园毁灭的惋惜之情埋下铺垫。总之，这样的阅读语境具有牵引性，能够激发学生深度思考的欲望。

（二）建立阅读迁移，延伸课堂应用

首先，促进阅读与写作之间的紧密联系。朱作仁教授谈到"大量读写，读写结合"，语文阅读迁移中最重要的就是读与写之间的迁移。做好读写迁移在阅读课堂上可从"小练笔"做起。例如，《盼》一课，该单元是习作单元，作者运用大量的心理描写、动作描写及借景抒情的手法，表达了"我"终于穿上盼望中雨衣的激动心情。教师在课堂上可以让学生也试着写一个小片段，比如从"拿到考卷分数前的那一刻""放假前的那一刻"……自选角度，让学生通过动作描写、心理活动以及借景抒情的手法表达当时的感情。再比如学习完《桥》这一课，可以以"小练笔"的形式让学生发挥想象自己设计一个结尾——如果你是"老汉"，会做出什么选择，从而做到读写迁移。

其次，促进课内外阅读之间的迁移。要想提高阅读水平，仅仅靠课堂是难以达成的，只有重视课外阅读，建立课内外阅读之间的联结，才能有效培养学生的阅读能力。例如，《少年闰土》一课选自鲁迅的《故乡》，教师在讲授本课时可以出示《故乡》相关资料，并这样引导"在这篇小说中，还写到了闰土三十年后的样子，同学们想不想看一看？"然后课件出示相关节选内容，这样的阅读迁移既与课堂内容相联系，又激发了学生拓展课外阅读的兴趣。再如，学习完《落花生》一课，可以链接阅读茅盾的《白杨礼赞》、陈慧瑛的《梅花魂》等。

最后，促进阅读与生活之间的迁移。陶行知说"教育必须是生活的，一切教学活动必须通过生活才有效。"语文知识本身就源自生活，建立阅读与生活之间的联系，可以加深学生本身对知识的情感领悟。例如，教授《匆匆》一课时，结合生活中的人物事例说一说什么样的人生才是没有虚度的，这样的教学能够让学生更加珍惜时间，感受生命的美好痕迹。再如，《丁香结》一课在讲授时，教师可以这样引导："丁香结在古人眼中是愁怨的代表，结合课文内容和生活实际，你又是怎样理解的呢？"这样将阅读文本与生活贴合，能引发学生深入思考我们现实生活中也会有各种解不开的结，也正是因为这些结，我们的人生才会更有趣味。

做好阅读知识的迁移，更能够促进阅读技能的应用。深度学习主张学生能够将所学知识应用在新的情境中解决问题。[①] 通过联系阅读与写作、课内与课外阅读、阅读与生活之间的迁移，使学生创造性的应用知识，帮助学生形成语文知识的个性化表达，从而使学生更喜欢阅读，培养学生的阅读毅力。

_____

① 李国良，王芳. 小学语文深度学习与课堂变革［M］. 杭州：浙江教育出版社，2020.

第三章　低段学生阅读能力培养策略

依据低段学生心理发展特点与思维发展特点，以及低段学生的阅读能力层级来确定培养的阅读策略，我们构建出符合小学低段的阅读策略体系。低段的核心阅读能力为语言理解能力，主要培养孩子进行兴趣型阅读。从这一阅读能力层级的发展来看，低段学生的阅读重在提取文章信息，理解文章图画、语言、内容。因此，小学低段的阅读能力培养应致力于提高学生对于文本的理解能力，学生要学习的阅读策略应有利于提升阅读的提取信息能力，由"随意性阅读""浏览性阅读"逐步过渡到"有意性阅读""重点性阅读"。基于以上认识，工作室把小学低段阅读能力培养核心策略的研究重点定为"预测策略""摘要策略"和"自我提问策略"。

第一节　预测策略的学习

一、什么是预测策略

在《汉典》中，预测是指在掌握现有信息的基础上，依照一定的方法和规律对未来的事情进行测算，以预先了解事情发展的过程与结果。预测的方法与形式多种多样，主要包括古代玄门数术对吉凶祸福的占卜与推演，现代科学在对现有信息资料进行精密分析后，所做出的对自然状况的预报，以及各种政治理论学说对人类社会发展的推断。它包含两种基本含义：预先推测或测定和事前的推测或测定。

"预测"用于阅读中，是一种重要的阅读策略，是读者在阅读发生前或者阅读过程中，对后文的唯一结果进行的先行猜想。在预测的过程中，并不需要严格遵循线索的指引，其预测结果正确与否可以在后文的阅读中进行验证。

以"预测"策略进行阅读指导，在目前来看虽是新的尝试，但实际上，它却早已是非常普遍的阅读策略。所有阅读无碍的读者在阅读有情节的文章时都会不自觉地进行预测，如看封面预测故事内容，看内容预测情节，看插图预测谁会赢得比赛，看细节预测故事的结局……预测的内容，往往是读者最感兴趣的。读者带着预测浸入文本，就像侦探一样，从字里行间抽丝剥茧，一窥故事的秘密。

通常，在阅读文本时，预测策略可分为以下四个步骤并循环往复：首先是根据题目、封面等内容所提供的直观信息，大胆猜测文本内容，如文本可能写什么？主人公是谁？……形成读者自己的初步预测；其次是阅读文本内容，找到可以佐证的线索，验证阅读前的预测；其三是在确定的线索中修正预测；最后，形成对内容的有根据性的理解，梳理文章的线索及内容，做到了解文章、了解作者的创作意图。越往纵深阅读，读者又会再次根据新线索的出现继续预测后续发展，形成新的预测。简而言之，就是重复着"预测——寻找线索——修正——理解——再次预测"的思维建构过程。

预测可以分为方向预测和结构预测。方向预测指借助文章的标题预测文章的体裁和主题思想。结构预测指利用文章段落发展的方法，预测导读全篇的主题段和段落的发展的方法、预测导读全篇的主题段和段落的主题句及其他所需信息。阅读教师根据文章的标题进行方向预测或结构预测，然后获得学生的反馈，进而要求学生阅读文章来证实并修正他们的预测，最后达到真正理解的目的。

预测能力是阅读教学中的重点能力之一，也是激发阅读兴趣的重要方法之一。它是图式理论在阅读理解中的具体应用。读者根据已有知识图式和文章内在联系的有机联想，不断地对文章的主题、体裁、段落结构进行预测，进而从客观上把握文章的主题和写作思路，有效地提高做题速度和准确率。

二、学习预测策略案例

(一)封面处预测:激发阅读期待

如一名老师进行了一年级下学期阅读课《垃圾去哪儿了》(选自《聪聪科学绘本》系列)的授课。书的封面被巨大的地球占据,贫瘠的地球被垃圾所包围。

师:你看到了什么?

生1:我看到了很多垃圾。

生2:我看到了可怜的地球。

生3:我看到了一个男孩儿带着狗找东西。

师:猜一猜:他们可能在找什么?

生4:找我们人类。

生5:找住的地方。

生6:找扔垃圾的地方。(全班笑)

师追问:那么你觉得,这么多垃圾,应该扔哪儿去?

生6:扔垃圾桶。

生7:挖个坑,埋起来。

生8:我看了新闻,有的垃圾被海豚、海龟吃进去了,把小动物们害死了。(全班陷入悲伤的氛围中)

师:是啊!人类制造的各种各样的垃圾,伤害了小动物,也给地球带来了危害。今天,我们就一起来了解垃圾去哪儿了?(生读题,个个神情凝重)

孩子拿到一本书,首先会对色彩丰富的封面感兴趣。在本课教学中,孩子们一看封面,不禁冒出了许多问号:地球怎么变成这个样子了?是谁扔了这么多垃圾?这个男孩儿是谁?他在干什么?这么多垃圾怎么办啊?根据孩子的这些疑问,老师引导孩子预测课题可能存在的答案。荒凉的地球、层层包围的垃圾与现代社会生活的安逸形成鲜明的对比，调动了孩子内心的担忧，让孩子用自己的视角看绘本、想问题，从而产生新的思考、新的问题。课堂伊始，孩子们就带着浓厚的兴趣阅读故事，既初步感知了绘本的内容，又大幅提升了他们对阅读的期待。

（二）读文时预测：深入阅读理解

阅读是由主体操作进行的一种行为，它是一个不断预测、寻找、修正、理解和再预测的过程。在学生初步感知故事的趣味，了解主要内容的基础上，引导学生边读边预测，使阅读具有很强的开放性，同时充分展现孩子的阅读个性。当你把阅读的权利、预测的方法下放给学生时，孩子会给你无限惊喜。

一名小学老师进行了二年级下学期阅读课《彩虹色的花》的授课。孩子们在之前的学习中，已经知道彩虹色的花把自己的花瓣都用来帮助有困难的小动物，而此时，彩虹色的花只剩下最后一片花瓣了。老师提出了这样的问题，让学生预测：

师：彩虹色的花就剩最后一片花瓣了。请你想一想：它会怎么做？

生1：小兔子要给妈妈写信，彩虹色的花把花瓣送给它了。

生2：小羊的脚受伤了，没有创可贴，彩虹色的花把花瓣送给它了。

生3：小虫子快被冻死了，彩虹色的花把花瓣送给它当被子了。

师：彩虹色的花，你就剩一片花瓣了，快藏起来吧！别送了！

生4：不行，我要帮助小动物。

生5：不行，我不能见死不救！

生6：不行，小动物们需要我！

……

此时的孩子已化身为彩虹色的花，想彩虹花所想，说彩虹花所说，内心柔软而无比坚定。孩子是阅读中的中心人物，也只有以孩子为中心的阅读，才是个性化的阅读。在教学中引导学生根据故事已知内容进行预测，是非常好的读书方法和思维习惯。通过情节预测和后续内容的呈现，当学生的预测与内容发生碰撞时，学生的情感就有了强烈的冲突，就能引发学生对阅读文本的进一步思考，推动孩子的理解层次往纵深发展。

（三）结尾处预测：提升阅读感悟

根据故事的情节发展，对故事结尾进行预测，能更好地提升孩子的阅读感悟。如工作室成员宋燕红老师进行二年级下册的阅读课《星月》的授课时，就巧妙设计了对结尾的预测环节。

相关教学环节如下：

师生讨论绘本内容，加强对绘本的认识。教师根据绘本内容整理出以下重点问题：

师：星月和小鸟有哪些地方不同？

生1：星月喜欢吃水果，小鸟吃虫子。

生2：星月可以倒挂在树上，小鸟站在树枝上。

生3：星月夜晚活动，小鸟白天活动。

生4：星月白天睡觉，小鸟晚上活动。

……

师：星月和小鸟在哪些方面有相同的感受？

生1：星月和小鸟看到和自己不一样的对方觉得很惊讶，也觉得很新奇。

生2：他们都喜欢对方，想和对方做好朋友。

师：孩子们，请根据前面阅读的信息，你觉得星月和小鸟会做朋友吗？为什么？

（全班孩子你看看我，我看看你，若有所思）

生1：我觉得可以，因为他们彼此互相照顾，而且变成了好朋友。

生2：我觉得不可以，因为他们有很多不一样的地方。

生3：我觉得可以，就算星月不和小鸟住在一起了，也是可以常常回去看它们呀！

　　生 4：我觉得不可以，因为星月白天睡觉，小鸟白天活动，等星月醒来活动时，小鸟又睡觉了，他们都不能见面。

　　……

　　（学生越讨论越热烈，课堂上洋溢着争论声、掌声和欢笑声。）

　　师：同学们，你们都有一个善于预测结局的大脑！那么故事的结局最后怎么样了？看！星月和小鸟虽然习性不同，但是感受却是相同的。没有什么可以改变它们的友情的！（全班孩子不约而同地鼓掌并欢呼起来）

　　师：学到现在，你学到了什么？

　　生 1：我学到了友情很伟大！

　　生 2：我知道了只要互相尊重，互相帮助，即使有不同的习惯也能很好的相处！

　　生 3：他们都有自己的习性，都有自己的特点。

　　生 4：我们面对困难时也要像星月一样努力！

　　……

　　阅读的本质是一种对话，是教师、学生、文本之间的多重对话，对话的中心应是每一个学生。在结尾处引导学生进行预测时，老师引导孩子根据前面已知的内容推想情节的发展，根据星月和小鸟的相同点和不同点预测故事的结局。学生交流猜测的结尾后，当老师揭晓答案时，课堂上洋溢着的欢笑声，是学生思维的碰撞，也是学生对文本精神心领神会的感悟。预测策略推动了学生与文本、教师进行思维碰撞和心灵交流的动态过程。虽然孩子的思维过程和思维方式不同，捕捉的图画和文字要点也不尽相同，但他们都参与到预测过程中，提供了相近的绘本信息，有相似的经历和感受。他们尊重着彼此不一样的预测，理解着彼此不一样的推理，并从中感受到一样的快乐。套用并改编《星月》中小鸟最后的话："为什么我们预测是如此的不同，感受却如此相近呢？""为什么我们的感受如此不同，快乐却如此相似呢？"

三、运用预测策略阅读时的注意事项

《语文课程标准（2011 年版）》中强调要说真话、实话、心里话，不说假话、空话、套话。预测是自我观照的一种学习，它让阅读者看见会阅读的自己。预测策略能引导孩子经历真实的学习历程，激活学生生活与阅读文本的真正联系，使学生真正拥有了学习的主动权，有了思索感悟的机会与时间。但这种模式更适用于阅读教学的初级阶段，而且教师在运用预测策略引导学生阅读时，有以下注意事项：

首先，在进行预测的过程中，教师必须对学生进行必要的引导。教师需要引导学生通过仔细观察图片，提取信息并结合自己的经验，来帮助预测，不能放任学生自由想象，否则就会偏离文章的内容、主旨，无法达到阅读教学的目的。同时，教师又要鼓励孩子结合自己所获取的内容和想象进行大胆猜想，特别是鼓励内向、敏感、不善言辞的孩子。这实际上是对文本信息内化加工的过程，有助于提升学生的信息理解能力。但如何把握"猜"的度，使学生"猜想"而不"妄想"，这需要教师有深厚的教学功底和良好的课堂教学应变能力。

其次，在进行预测教学时，教师的提问要有针对性，让学生有方向性的猜测。这样才让学生在预测中激活自己的背景知识，初步学会运用自己的背景知识和文本信息之间的关联性来感知文章内容的方法。教师通过预测、验证、修正、再预测等一系列的教学活动，检验学生理解文本的层次，提升学生的创新能力和思维的严谨度。

最后，预测阅读教学的难点是让学生通过文本循序渐进地验证自己的假设是否正确。在这一环节中，教师不但要关注学生深入文本、联系生活实际做出预测的过程，更要教会学生预测、验证、修正、再预测的方法。这实际上是一种思维品质和能力的培养。这样一种思维品质，既是一种思维严谨性的追求，更是迈向更高阶的思维——批判性思维能力的必由之路。

除了"预测"策略，"摘要"策略也是低段阅读教学中一种重要的阅读策略。

第二节　摘要策略的学习

一、什么是摘要策略

百度百科对"摘要"的阐述为：摘要又称概要、内容提要。摘要是以提供文献内容梗概为目的，不加评论和补充解释，简明、确切地记述文献重要内容的短文。其基本要素包括研究目的、方法、结果和结论。谢胜隆在《浅谈阅读理解策略》一文中这样定义"摘要"："摘要是指读者选取文章中的重要信息，经过统整浓缩后，形成能代表文章主旨的简要叙述。"总而言之，摘要是用简洁的语言将文章的主要内容叙述出来，让读者快速把握文章的主要思想，是理解概括文本的一种重要的阅读策略。

摘要有以下要点：读者先要删除不重要与重复的信息来找出文章的主要概念，并透过语词归纳及段落合并浓缩文章的内容，再以连贯流畅的文字呈现文本初始的意义。摘要用于各段（意义段），再整合成全文摘要。"摘要"策略能促使读者将注意力聚焦在文章重点上，忽略较为不重要的细节，并将文章中各重点联结统整，形成有意义的整体理解，更能有效促进读者的阅读理解。

在具体的阅读教学中，教师要慢慢引导学生善用适当的关键词，用关键词帮助他们提取重要信息，回忆重要内容，建构更完整的摘要框架，搭建起学生在文字和内容间的输出、输入的通道。

运用摘要策略时，主要有三个步骤：粗浏览，巧删除，慢整理。

其一，粗浏览。阅读一篇文章，先大略浏览，标示段落句子，标示文章段落，初步感知文章内容。

其二，巧删除。细细阅读每个自然段中的词句，巧妙分辨每个句子、段落的主要意思，删除句子中不重要及重复的信息，再删除段落中不重要及重复的信息，最后，删除不重要及重复的段落。这个过程犹如大浪淘沙，将繁杂的段落及文本内容删繁就简，留下文章中重点的内容。

其三，慢整理。分类归纳叙述情节及文章的重点，加上连接词，整体排成一段通顺的话。

这三步中最难的是如何分辨并保留文章的关键之处，关键语句一般藏在哪里？

（一）藏在文章标题之中

题目是文章的眼睛，文章的标题可以预测文章的主要内容和叙述方向。有的题目点明了主人公，如《小蜗牛》；有的题目指出了主要事件，如《比尾巴》；有的题目概括了主要内容，如《青蛙写诗》；有的题目提示了主要描写对象，如《我的小书包》等。

（二）藏在附加问句之中

部分的科学文章会出现有问号的句子，附带着相关的答案，这种句子叫做附加问句。这些接在问句后的文字往往都是文章的关键主旨。如《明天要远足》一课中最后一句"到底什么时候才天亮呢？"就体现了主人公的期待和着急的心情。

（三）藏在列举项目之中

当文章中出现"一、二、三"或"首先……其次……最后"等列举项目时，这些项目是经过作者分类过后的重要信息，也是文章的关键。

（四）藏在重点字词之中

抓住文章中的重点字词可以帮助找到关键的句子，并能准确把握文章的主要内容。一般可以关注以下两种字词：

1. 定义字词：是用文章中其他的字句来说明解释并赋予定义。如课文《大还是小》中"大"一词，作者在下文中用"我自己穿衣服的时候，我自己系鞋带的时候"来具体解释"大"，抓住"大"这个词，就能找到该段的重点，做好摘要。

2. 逻辑字词：文章中出现因为、所以、当、就会、也会、但是、然而、而、首先、其次、再则、总之、最重要的是、如果、要是、若、在、就会等这些有前因后果、先后顺序、强调、结论或总结的字词就是逻辑字词。先找逻辑字词，并厘清整篇文章脉络。如《日月潭》第四自然段："中午，太阳高照，整个日月潭的美景和周围的建筑，都清晰地展现在眼前。要是下起蒙蒙细雨，日月潭好像披上轻纱，周围的景物一片朦胧，就像童话中的仙境。"找到"要是"这个逻辑语词就能知道，作者写了"太阳高照"和"蒙蒙细雨"两种场景，就可以轻而易举地为整篇文章做摘要。

二、学习摘要策略案例

在阅读教学中运用"摘要策略"，要抓关键词句和难解词句进行突破，要以文本的"事实"信息为依据进行梳理，而且要让学生反复阅读，提炼关键词。

以下试举相关案例说明。

（一）运用"板书"粗浏览

学生在熟悉文本内容的基础上，大体掌握前后文之间的连贯之意，初步摘取文章要点，如前后接续出现的主人公、反复出现的动作或语言、事件每个环节的要点、不同类目体现的不同特点等，并摘录下来。这种方法对于低年段的学生阅读反复性、累加（累减）性、对比性、推进性的文本特别适用。

宋燕红老师曾尝试在阅读教学中运用板书摘录要点，对孩子进行"粗浏览"的摘要训练。运用板书，摘录浏览时的文章要点，理清知识间的逻辑联系，帮助学生初步理解主要内容，把书读简单，读进知识框架里。例如她进行二年级下册绘本阅读《要是你给老鼠吃饼干》授课时，就带领孩子学习并运用摘要策略读绘本，达到较好的效果。

师：要是你给老鼠吃饼干，将会发生什么故事呢？我们快来看看。（逐页出示绘本，师生合作边讲述，生边摘要）

师：要是你给老鼠吃饼干，它会要杯牛奶。（板书：饼干——牛奶）

师：等到你给他牛奶，他会想要什么呢？（出示绘本）

生（齐答）：餐巾。（师板书：餐巾）

师：是的，它会要块餐巾。它还要——（出示绘本，请生答）

生：照镜子。（板书：照镜子）

师：这样牛奶才不会留在它的胡子上。（全班笑）

师：看到镜子，看到它的头发得剪一剪，它就会要——（出示绘本，请生答）

生：一把小剪刀（请生板书：小剪刀）

师：是的，等到头发剪好了，猜猜，它又要什么？

生1：毛巾。

生2：洗发水。

师出示绘本，生边笑边答：一把扫帚。（板书：扫帚）

师：它一动起手来啊，可就来劲了，把整座房子，一个个房间都扫了一遍，不但扫，还会用水啊，把地板大刷大洗，它干累了，会要睡一会儿，这时候，它会想要——

生1：要被子。

生2：还要枕头。

师出示绘本，生惊呼：被子、枕头、床！（板书：被子、枕头、床）

师：那你就得给它的空盒子做床，装上毯子和枕头。它于是爬进盒子，躺得舒舒服服的，还把枕头拍啊拍，拍啊拍。小老鼠还会要什么？

生抓耳挠腮，纷纷表示不知道。

师：看！它还会请你给它念个故事！（板书：故事）

师：你只好拿出书来，念给它听，这时它会想要看到书上的图画，它一看到图画，起劲得就自己动手画一幅，于是，它会要——

生3：纸和笔。（板书：纸笔）

师：画好了，它把这幅画贴到它的冰箱上，这就要用上——

生4：胶带纸。（板书：胶带纸）

师：等到画贴好，它会后退几步欣赏它，这么看着冰箱，它会想——

生1：做蛋糕？

生2：喝水？

师出示绘本，生大笑：渴了，要喝牛奶。（板书：牛奶）

师：既然它要喝牛奶，自然就想起——

生无奈地大叫：饼干！

师：你有没有发现，要是给小老鼠吃饼干，它就会——

生5：一直不停地要这要那。

师：根据学习地图，谁来说说，要是你给老鼠吃饼干，接下来它会要些什么东西？

学生根据图示复述内容。

课堂上，老师与学生一同大致浏览绘本，以"小老鼠要的东西"为线索，找出关键词，并摘要在板书中，孩子在板书中了解了文章的主要内容。有了"板书"的引领，学生基本能抓住事情发展的要素，复述绘本内容。这对学生语言的概括能力、复述能力、重整时的逻辑梳理能力，无疑是一种很好的锻炼。

在浏览文本中，学生根据绘本内容进行前期摘要。在图片结合文字的说明中，在经过"饼干""牛奶""餐巾"的摘要后，学生已经发现作者用的文字重复性高，且前后彼此相关，接下来只要翻页，学生就能进行推测、阅读、摘取要点。

学生在阅读中进行摘要的思维方式为：

1. 评断、选择：学习者透过评断，察觉文章重要信息，确认重要信息并删除不重要的信息，如文章中重复的以及不影响文章意思的琐碎信息；

2. 精简代替：以较高层次的概括性观念或词语取代低层次的细节，语言要精简；

3. 组织摘要：学习者整合与组织观念，并转化文章中的信息。

（二）利用"坐标图"巧删除

在阅读中运用坐标图，能引导学生根据事件的发展和人物的成长，提取关键词加以梳理，这样便于理解文本，感受人物的变化。如宋燕红老师教学绘本《彩虹色的花》，根据绘本的内容特点，牢牢抓住"遇到的困难"和"提供的帮助"两个维度进行教学，借助阅读坐标图来帮助孩子理解故事情节。在教学中循序渐进，先是师生共读一本绘本，学习阅读坐标图的使用：教师示范如何捕捉关键信息，填于坐标图中，然后再读一本绘本，师生共同提取重要信息，提炼关键词，一起完成阅读坐标图的填写。最后由学生听三节故事，动手捕捉信息完成摘要，并填写完整。

（三）由点到面慢整理

在二年级的教学中，宋燕红老师选择贴近学生生活，以具有故事性及丰富插图的《小阿力的大学校》为教学主题，依此绘本引导孩子抓要点，加上连接词，慢慢整理出文章顺序，并借此引导学生学会运用摘要写话。

相关教学活动如下：

教师与学生一起共读《小阿力的大学校》。

师：谁还记得，绘本写了小阿力的哪些事？

生1：小阿力带剩下的早餐去公园喂小鸟。他告诉小鸟，他害怕，不想去学校。

生2：小阿力捡到一只小鸟，把它养在盒子里。

生3：小阿力起床，打开窗户让小鸟飞走。

生4：小阿力勇敢地去上学，他的老师带他去认识校园。

师（小结）：小阿力喂小鸟——捡小鸟——放小鸟。接下来，谁来说说小阿力在校园里看到了什么？

生5：他看到厕所、计算机。

生6：他看到了洗手台、书。

师（小结）：小阿力看到厕所、计算机、洗手台、书。（板书：厕所、计算机、洗手台、书）

师：想想，他还会看到什么？

生7：他会看到小花、小草。（板书：小花、小草）

生8：他还会看到很多运动的器材。（板书：运动器材）

生9：他还会看到很多新的朋友。（板书：新朋友……）

师：试着用这些词语和你更多的想象，向你的好朋友介绍小阿力的大学校。

（生在小组内介绍）

师：请你来为大家介绍一下。

生：老师带着小阿力参观学校。来到教室里，小阿力看到了干净的厕所和洗手台，排列整齐的计算机，还有各种各样的书。来到教室外面，小阿力看到了花儿向他点头，小草笑弯了腰。还有很多小朋友在玩运动器材。老师带着小阿力和小朋友们一起玩。大家玩得开心极了！

在本次教学中，大部分学生对关键词提取方法能熟练掌握，并且可以借由关键词形成主题句，由点到面，慢慢整理，缓缓推进，进而完成写话，体现了摘要在写话中的运用。但还有少部分学生由摘要拓展出的语句较不通顺，可见学生在思维框架转化为语言输出时没有检查其恰当性。同时，在分组讨论进行时，学生的发言质量不均衡，能力较低的学生较静默，静静聆听其他组员的介绍，在其后来的介绍中可以窥见组员的叙述语言，因此，还必须透过教师的观察和引导来了解、解决学生的个别差异性。

三、运用摘要策略阅读时的注意事项

摘要是摘要者从学习内容中找出重点，并做扼要叙述，影响其成效的因素众多，分述如下：

（一）文章的类型

有研究指出：说明文比故事体更不容易摘取大意。长篇文章较短篇文章难以选择与统整观念，难度愈高的文章，愈难被精简浓缩。文章的复杂性也影响了摘要的效果。复杂的文章，如包含罕见字汇、精致的句子结构、抽象的观念、不熟悉的观念、不相称或缺乏内容明确的组织体，在选择各段落的重要性时，更需要摘要者深思熟虑的判断。所以，摘要者要阅读适合其年级程度和思维程度的文章，摘取文章大意时才能更顺手。

（二）学习者的条件和态度

在学习者的条件方面，多位学者的研究一致发现，随着年级的增加，学生更能正确完成大意的提取。也就是年级越高，学生越能准确抓取文章关键，越能以自己的话写出文章大意。在学习者的态度上，对主题的兴趣以及本身书写能力亦是影响摘要者摘要能力的重要因素。

（三）不同文体的摘要策略

摘要策略的运用，还要考虑不同文章的题材：

1. 写人的文章。阅读这类文章可以根据"人、地、事"三要素来进行摘要。如《大禹治水》一文，描写的是大禹带领村民治理可怕的洪水，三过家门而不入，表现了大禹英勇无私的形象。

2. 叙事的文章。阅读这类课文要抓住事情发生的时间、地点、人物和事情的起因、经过和结果。如《乌鸦喝水》以"喝水"为线索，描写了"无法喝水——想办法喝水——喝到水"的过程，将聪明而充满灵性的乌鸦表现得淋漓尽致。

3. 写景的文章。阅读这类文章要抓住写的是什么景物，景物有什么特点，按照什么顺序描写的？再进行概括。如《黄山奇石》，作者按照观察的顺序，描写了"仙桃石""猴子观海""仙人指路""金鸡叫天都"的样子，表现黄山奇石令人叹为观止的景象。

4. 状物的文章。阅读状物文章要抓住写的是什么事物？从几个方面写它的特点？怎样写的？如《恐龙的灭绝》依次描写了几种关于恐龙灭绝的说法：

严寒、宇宙行星撞地球、哺乳动物偷吃恐龙蛋、传染病、气温下降等。在教学时，教师不仅要教会孩子如何使用摘要策略，还要关注使用摘要策略阅读时的注意事项，才能更好地引导孩子活学活用。

"预测策略"和"摘要策略"之外，还有一种重要的小学低段阅读能力培养核心策略，那就是"自我提问策略"。

第三节　自我提问策略的学习

一、什么是自我提问策略

自我提问是一种重要的策略，因为它可以用于监控个体的理解。它既是一种认知策略，也是一种元认知策略。自我提问在阅读理解中作为认知策略是指：提问的过程可以使读者通过关注文本内容中的重要信息，以促进理解；而其作为一种元认知策略是指：自我提问可以用于监测自己对某些内容是否理解。史苏敏在前人观点的基础上给自我提问下了一个定义："学生自我提问是指学习者在阅读过程中为了促进对所学知识的理解，主动地从元认知层面监控、调节自己的学习，主动提出问题的行为。它既是一种外显的学习行为表现，也是学生有意识地在学习中加以运用的一种具体学习策略。"

《自我提问的教学研究》一文从三个方面区分并界定了构成自我提

问的理论基础，它们分别是积极加工理论、元认知理论和图式理论。

积极加工理论与自我提问策略：自我提问是积极加工的一种活动。积极加工理论认为通过自我提问可以让阅读者对文章进行积极的加工，从而增强他们的阅读理解能力，并促使阅读者提出更多高水平的问题。

元认知理论与自我提问策略：自我提问是一种元认知策略。阅读者在阅读中通过自我提问增强对认知过程的监控，从而增强阅读意识并提高理解能力。自我提问是实施自我控制的有效途径。通过自我提问，阅读者了解自己在阅读中存在的问题，即意识到文章中不理解的地方，并积极采取补救措施，从而更有效地解决阅读中遇到的问题。

图式理论与自我提问策略：在阅读过程中，阅读者根据自己已有的知识建构思维的脚本。学生在阅读的过程中可通过自我提问激活原有的图式，从而促进阅读理解。

简言之，每一种理论对阅读理解过程中，学生自我提问认识的侧重点都有所不同。积极信息加工理论关注学生提问与教师提问有效性的比较，元认知理论关注学生的自我监控，图式理论则关注激活学生相关的背景知识。

基于以上认识，我们认为自我提问是指：阅读者在阅读过程中，为了促进对所学知识的理解，主动地从元认知层面监控，调节自己的学习，主动提出问题的行为。它既是一种外显的学习行为表现，也是学生有意识地在学习中加以运用的策略。

"自我提问策略"经常和"理解监控策略"连用。它能协助阅读者确认自己是否已经了解文章意义。但遗憾的是，在现实课堂中，学生往往习惯了老师问、自己答的上课模式。关于课堂提问的研究也主要集中在教师提问，对学生课堂提问的研究明显不足。事实上，学生课堂提问的作用是教师提问所无法取代的。弗雷斯（Frase）和施瓦茨（Achwarz）发现，在阅读理解过程中，自我提问对学生主动加工文章信息起到关键的作用，学生提问优于教师提问，而提出高水平的问题可以使学生对文章的理解更深入。

我们在教学过程中也发现，课堂上学生的自我提问能使学生更积极主动地监控自己的阅读，更能有的放矢地提出自己在阅读过程中出现的问题，更能感受到自己是学习的"主宰"，记忆也更长久。在此教学模式训练中，虽然每学期的考试难度逐步增加，但学生的考试成绩却稳步上升。

因此，"自我提问策略"的教学是对传统阅读教学模式的尝试突围，其价值目标指向"教阅读"与"教方法"。我们必须引导学生增强对阅读的基本目的与具体要求的意识，学会灵活运用这种自我提问的监控策略，使之成为阅读认知活动的内在动力与调节机制。

二、学习自我提问策略案例

小学生的学习必定是在教师指导下的学习，就算学生具备了一定的自我提问能力，教师的引领仍然是必要的。更何况对于刚刚入学的低年级孩子而言，如何逐步让学生在课堂上学会自我提问，教师的引导就显得尤为关键了。滨北小学的黄雅静老师对此进行了学习和实践探究，认为学生可以从提问法和提问处两方面入手，在阅读中运用"自我提问策略"。现将课例呈现如下：

案例：绘本《我爸爸》

1. 针对绘本封面提问，培养预测猜想能力

师：每个孩子心中都有一个与众不同的爸爸。今天，老师就要和你们一起，来阅读一本绘本：名字就叫——《我爸爸》。孩子们，看到封面，你们脑海里一定冒出了许多小问号。

生1：这是谁的爸爸？

生2：这爸爸为什么穿着睡衣呀？

生3：这爸爸怎么还做着鬼脸呢？

生4：为什么这本书要叫《我爸爸》呢？

师：孩子们，再仔细观察封面，猜猜绘本可能讲了一个怎样的故事？

生5：可能讲了一个我不喜欢我爸爸的故事。不然怎么会把爸爸画得小眼睛、塌鼻子，还穿着睡衣这么邋里邋遢呢？

众生大笑。

生6：我不同意。我觉得绘本可能讲了爸爸很调皮，而且对我很好的故事。

师：为什么这么猜想？

生6：因为这个爸爸会做鬼脸逗我们笑，所以他一定是个好爸爸。

生7：而且爸爸头上有两道神奇的光，感觉他很厉害。所以我也觉得他是个好爸爸。

师：哈哈，小朋友们，我们看绘本，就一定要像现在这样，先看封面。多看看，多问问，多猜猜，说不定你就和作者想到一块儿去了呢！

总结：孩子拿到一本书，首先会对色彩丰富的封面感兴趣。安东尼布朗的绘本《我爸爸》封面是一个身穿黄色睡衣、正做着鬼脸的父亲形象。孩子们一看封面，不禁冒起了许多问号：这是谁的爸爸？爸爸为什么穿睡衣？怎么爸爸还会做鬼脸呢？根据孩子的这些疑问，再适时引导他们再仔细观察画面，预测这本书可能在讲一个怎样的故事。孩子们很快便有了新的发现：封面的爸爸穿着黄色的格子睡袍、蓝色条纹睡衣，十分调皮地做着鬼脸；爸爸脑袋上的两道光似乎在暗示着爸爸十分厉害……引导孩子就封面进行自我提问，对故事的主要内容进行预测猜想，使孩子们带着浓厚的兴趣阅读故事，初步感知了绘本的内容。

2. 问画面矛盾，培养分析理解能力

师：可怕的大野狼都被爸爸赶跑了，怪不得作者这么崇拜爸爸呢，所以他也说：我爸爸真的很棒！爸爸不但非常的勇敢，还可以像孙悟空一样有七十二般变化呢，仔细观察接下来这页，哪里让你们感觉到有些奇怪？

师出示第 7 页（遮挡文字部分）。

生 1：这到底是匹马还是我的爸爸呀？

生 2：这匹马怎么穿着爸爸的睡衣呢？

师：那你们说这到底是爸爸还是一匹马呢？

生 1：这当然是匹马了。你们看，它坐的凳子都变成了马蹄，何况它还有一个那么大的马头呢。

生 2：这当然是我爸爸了。你们看，这睡衣、睡裤、睡袍和拖鞋都是爸爸的呀。而且马怎么会拿刀叉呢？

生 3：我认为这是我的爸爸，但它变成了一匹马呀！

生 4：可能安东尼是想说明：我的爸爸饭量很大，吃得像马一样多吧。

师：孩子们，你们可太棒了！抓住画面中感到奇怪的地方不断问问题，竟然猜中了安东尼写在图画下面的这行小字，让我们一块儿大声读出来——我爸爸吃得像马一样多。

总结：当学生抓住了图片中似人似马这样一个矛盾点并产生了疑问时，老师就进一步带领孩子通过仔细观察图片发现这是一匹马，再通过联结前后爸爸的穿着发现这的确也是爸爸，进而通过分析、推论，了解作者这样绘画的用意，直达主题。

3. 问画面细节，培养观察感悟能力

师：小朋友们，书本里藏着一个小秘密，你们大伙儿可都没发现呢。不信，你们看！（出示第 18 页绘本。）

生 1：咦，怎么爸爸的胸口有个小太阳呀？

生 2：这小太阳代表着什么？

师：快找找，绘本哪儿还藏着这个小太阳呀？

生 3：在第 1 页中，爸爸坐在桌前，背后墙上挂着一幅画有太阳的图画。

生 4：第 2 页赶走大灰狼的画面中，门上有一个太阳。

生 5：在第 4 页爸爸走钢丝时，袜子上也有个太阳。

师边出示：第 19 页爸爸双臂环抱孩子的图，边总结：孩子们，你们看。父子俩被金黄色的光芒笼罩，温暖的气息弥散开来，铺满整个画幅，好像爸爸和孩子就是散发光芒的太阳……

生：原来爸爸的爱就像温暖的太阳！

总结：老子说："天下难事必成于易，天下大事必作于细。"细节是绘本的图像语言，细节中往往藏有许多的秘密和趣味。通过引导孩子观察挖掘图画中的细节来进行提问，从而发现绘本细节中的秘密。对于孩子来说，定是一个值得骄傲欣喜的体验，也能再次强化孩子通过提问和思考所带来的愉悦感受。

同时，通过抓住细节进行观察提问，孩子的感悟能力也得到了有效提升。

4. 问句式结构，培养模仿转化能力

师：刚才我们是一页一页地读故事，但是读书除了这样看，还可以几幅图几幅图一起看。

师出示四幅图的课件："我爸爸吃得像马一样多，游得像鱼一样快。他像大猩猩一样强壮，也像河马一样快乐。"引导学生读一读。

师：孩子们，你们读了这四句话，有什么发现吗？

生 1：这四句话长得很像，而且都是写我爸爸的。

生 2：这四句话都是我爸爸像什么什么一样。

师：是啊，看到长得很像的句子咱们就要停下来多琢磨琢磨。我们能不能也学着作者这样来说一说自己的爸爸呢？

师出示课件：像_____一样_____。

学生模仿讲话。

绘本的结构有许多范式，读完整本绘本后，要引导孩子跳出绘本看绘本，整体观照绘本内容。比如绘本《我爸爸》，用简单、反复的叙述语言，生动形象地呈现了父亲鲜明的特质。因此孩子们看到男孩儿的爸爸时而变成马（食量很大），时而变成鱼（游得很快），时而变成大猩猩（力气超大），一下又化身河马（快乐无比）。这样的句式，对于低年级的孩子来说，是值得积累、模仿的。通过对句式结构的关注和提问，能有效培养学生模仿转化能力。

当然，除了句式结构的反复外，绘本也时常采用反复的手法，来推进情节的发展。如在教学《今天运气怎么这么好》时，大灰狼乌鲁看到午睡林中那么多小猪，急着把好消息告诉好朋友，他先来到哇呜的家，吃了"牛奶和蘑菇"，顺便带走了咖喱蘑菇，却忘了告诉哇呜关于小猪的事。此时引导孩子自我提问：乌鲁带着满足的好心情，又去到咕鲁鲁、贝罗的家，将会是怎样的情形？孩子们有了前面的阅读经验，就能推断出到另外两只大灰狼家一定也是吃了一堆东西，带走一堆好吃的，却忘了告诉好朋友关于小猪的事！了解这种创作手法，联读绘本《咕噜牛》《犟龟》《蛤蟆爷爷的秘诀》等，引导孩子将感受到的反复结构手法转化运用到绘本阅读和创作中。又如将《月亮的味道》《甘伯伯游河》《有个老婆婆吞了一只苍蝇》三本绘本群读，引导孩子发现"累加型"故事的写作特点和创作形式，促进孩子类比转化能力的提升。

三、运用自我提问策略阅读时的注意事项

从教师方面来看，首先要解决一个观念问题。要真正树立"以学生为主体"的教学思想，就要相信学生有独立提出问题、分析问题和解决问题的能力。因此要在平时保持民主平等的师生关系，在课堂创造和谐愉悦的课堂氛围，让学生在宽松、自由的环境中，表现出寻根问底、积极提问的强烈欲望，做到真正敢于提问。其次，应发挥教师的主导作用。要引导学生的提问和回答能够紧紧围绕教材的重点和难点而进行；而不是不分主次、眉毛胡子一把抓。要善于"煽风点火"，激发学生学习语文的心灵之火；而不是"隔岸观火"，袖手旁观，对学生的提问或问答中存在的问题置若罔闻。在整个教学活动中，教师要真正做到"道

而弗牵，强而弗抑，开而弗达"。只有这样，学生才能真正做到善于提问。再次，要求教师对教材相当熟悉，因为学生提出的问题涉及面很广，可能有些问题的提出是出乎教师意料的。教师只有准备充分、备课深入，才有可能对学生提出的问题给予恰当的评价，而不至于感到棘手或措手不及。最后，自我提问策略的学习应该体现梯度，有层次地训练不同年级的学生提问。第一学段：激励学生乐于提问；第二学段：鼓励学生敢于提问；第三学段：教授学生善于提问。当然每个阶段训练点虽有侧重，但绝对不是相互独立，而是阶梯式螺旋上升式的。

从学生方面来看，首先要去掉依赖教师的思想，要努力培养自身积极探索的精神。其次，要充分预习教材，要事先设计好一两个有质量的问题，并做出答案。再次，要学会运用教材本身的提示、注释、课后练习及单元知识来设计问题。最后，学生自我提问策略并不是在课堂上一蹴而就的，要达到学生自觉、熟练地运用自我提问策略，更重要的是要求学生在课外阅读中有意识地对此策略进行充分练习。为巩固学生所学策略，教师可以给学生布置硬性任务。比如在课堂上借助《小猴子下山》学习了六何提问法后，在课后便可再补充阅读其他的童话、寓言故事，进行自我提问训练。久而久之，学生就会养成对自己的阅读自我提问的习惯，从而实现学生对自己的阅读过程和阅读材料，从"外控"到"内控"、从"他控"到"自控"的自觉监控。

总而言之，自我提问有助于培养学习者的自主阅读能力。所以教师在课堂教学中要多把提问题的机会留给学生，在日常加强对学生进行自我提问的训练，使学生更加主动积极地参与到阅读活动中，和文本进行最大限度地交流，从而提高学生的阅读理解能力和自主学习能力。

第四章　中段学生阅读能力培养策略

根据中段学生心理发展特点和思维发展特点，仔细分析了中段学生及家长的调查结果，我们认为中段的核心阅读能力为内容概括能力。基于以上认识，现把小学中段阅读能力培养核心策略研究重点定为联结策略、推论策略和图像化策略。

第一节　联结策略的学习

一、什么是联结策略

"联结"在现代汉语词典中解释为"联络""联系"或"结合"。"现代教育心理学之父"桑代克提出"联结说"这一概念。其基本观点为："学习即联结，心即一个人的联结系统。"也就是说：学习的实质其实就是在情境与反应之间形成一定的联结。这一学习理论的提出对教育事业做出了不可磨灭的贡献。

"联结"这一策略用于语文阅读教学方面，国内的学者、老师也给出了自己的理解。江苏靖江市外国语学校朱林芬老师指出：所谓联结阅读，就是阅读者在众多信息资源中，自主地整合、串联，找寻彼此之间的逻辑联系和内在关联。真正高效的阅读都离不开联结。在阅读指导中，教师就要借助话题设计，促发学生联结思维的运转，从而使新的知识和信息能够以最快的方式融入并同化到学生的意识状态中。①

万桂园老师认为：联结策略涉及一个文本与其他文本（泛文本）之间的联结，不同文本之间形成了平等对话与交流的张力。这种多维对话既立足于当下文本，又着眼于该文本与其他文本之间的联系，同时关涉文本产生的历史语境和解读文本的当下语境，使文本解读与对话获得文化的深度与广度。达到一种相互敞开、接纳、补充，不断融合，建构起新理解的过程。②

浙江省杭州市十佳魅力教师蒋军晶老师认为：在"联结"方面做得比较出色的读者，他们会从别人的故事中想到自己，他们会用旁人的经验来指导自己的生活。也可以从另外一个角度来理解，在"联结"方面做得比较出色的读者，会自我提醒自己去联系曾经经历的见闻。

在长期实践探索和理论研究的基础上，联结策略是指以阅读文本为原点，挖掘文本中蕴含的文化因子的辐射作用，以师生为资料链接的双主体，共同探寻相关阅读材料，并在这些参照文本的交互印证下，或体验，或证实（或证伪），或演绎文本中已有的观念，使阅读的触角伸向文本的文化源头、作者的生命体验、学生的生命体验。通过联结，让读者不再仅仅停留在原有认知和理解的范畴，而是架设一座从"已知"通向"未知"的桥梁，从中获取新的信息、激发生命体验、获得情感感悟、产生文本共鸣、主动建构文本意义，从而提升学生评价、鉴赏、运用和迁移等阅读能力。

二、学习联结策略案例

2016 年 4 月，厦门市槟榔小学四年级学生以"福建省小学语文四年级学业质量监测"样卷进行自测，考察文学类作品《一碗水》和说明文《味道是怎么来的》两篇课外阅读，共有学生 349 人参加本次考试，

---

① 朱林芬. 统整比较联结——主题式阅读教学策略浅谈 [J]. 小学教学参考，2016（13）：39.

② 万桂园. 指向阅读策略的阅读教学 [J]. 福建教育，2015（49）30—31.

《味道是怎么来的》第 35 题"小明、爸爸、爷爷和奶奶常常抱怨妈妈做的菜不合口味。一家人都很苦恼。请你根据文本内容和自己的生活经验，给妈妈提至少两条做菜的建议。"这题考查学生提取文本信息、并联系生活经验整合自己观点的能力，此题分值 4 分，年段平均得分 1.83 分，得分率 45.8%。学生或是没有联结文本信息，或是没有联系生活经验来回答，或是回答得不完整，相较于考察"检索""评价反思"能力的题目，得分率明显较低。此次检测引起了老师们的深刻思考：教师不仅有责任引导学生如何有选择地多读、熟读文本素材，在阅读中积累知识，而且更有责任指导学生运用"联结策略"从文章中提取相关联的信息，并主动联系生活经验整合信息，形成自己正确的主观理解判断。

在文本阅读过程中，联结策略主要包括尝试与文本信息联结、与其他相关文本信息联结、与已知事物和其他资讯联结、与生活经验联结这几种方式。

具体可从以下几个方面进行操作学习：

（一）联结文本相关信息，培养获取信息的能力

信息的获取、推论、建构与概括表述的能力是小学生阅读素养优劣的重要体现之一。"与文本信息联结"简而言之，就是能联系前后句段，联系上下文，从相关句段中联结有关信息，综合理解，从而获取信息进行阅读理解。

1. 联结文本相关信息，理解词语的意思

文本中词语的意思可以联结文本相关信息加以理解。在教学《乡下人家》一课，为了让学生理解"别有风趣"的意思，教师可先说说"别有风趣"的字面意思是形容事物有别样的、特别的趣味。然后引导学生与文本联结，讨论文中哪些地方写出了"别有风趣"？此时学生从文中提取信息"搭一瓜架、爬上屋檐、花儿落了、结出了瓜"写出"别有风趣"。这样，将词语理解与文本内容联结，引导学生反复阅读文本，在文本理解、自我感悟的过程中培养语文素养。

2. 联结文本相关信息，体会关键词句表情达意的作用

在体会文章主旨时，需要入情入境地深入文本，联结文本中具有含义深刻的词句。在教学《跨越海峡的生命桥》一课时，教师让学生快速阅读"移骨髓""得救"两部分内容，思考谁为谁架起了一座生命桥？学生交流理解，找出关键句"那血脉亲情，如同生命的火种，必将一代代传下去"，理解了李博士为小钱和台湾青年架起了一座生命桥，两岸同胞用爱心架起了一座跨越海峡的生命桥。这样，通过联结文本相关信息，学生体会到"跨越海峡的生命桥"指的是两岸同胞的血脉亲情，他们的情感逐渐升温，走进文本内涵，体会到关键词句表情达意的作用。

3. 联结文本相关信息，品赏词语的感情色彩

在品赏词语感情色彩时，一般要联结文本相关信息，再结合平时的积累，从而体会表达效果。学习《花的勇气》这篇课文，"泛滥"一词较难理解，它是作者表达对四月维也纳感到失望的重要词语。厦门市槟榔小学的何景祝老师在教这一课时，先通过启发学生联结文本，理解它在这里指草地上绿色连着绿色，看不见其他色彩，非常单调、枯燥。理解完词语在文中的意思后，教师让学生思考：

师：老舍先生用"一碧千里"来形容广阔的草原。同样写绿色多而广，读一读，你觉得它们一样吗？

学生对比后："泛滥"在这里是多得成灾令人讨厌的意思。

师：再读读课文找找，在文中还有像"泛滥"这样的表达强烈感情色彩的词语吗？

（生阅读后交流）

生1："四月的维也纳可真乏味。"这里的"乏味"同样表达了作者强烈的失望和遗憾的情感。

生2："大片大片的草地上，只是绿色连着绿色，见不到能让人眼前亮起来的明媚的小花。没有花的绿地是寂寞的。"这句话中的"寂寞"两个字让我感觉，当作者怀着一颗热烈、热切的心来寻找最美的四月画面时，得到的却是一片失望。

在这一环节中，教师引导学生联结文本的相关信息，体会了"泛滥"这一词语的感情色彩。以此为例，教师接着让学生继续阅读文本，学生很快地找了"乏味"与"寂寞"，建立起词语与词语含义之间的联结，理解了词语的意思。在后来的习作中，学生懂得运用这些词在习作中，表达自己的心情，他们思维的准确性在阅读中逐渐发展起来。

（二）与另一本书的相关信息联结，培养感悟情感的能力

与一本书联结，能让学生"跳出"原有的认知，通过熟悉的一本课外书的某个文本信息，了解阅读文本中与之相似却比较难读懂的意思。如在《去年的树》一课教学中，为了理解树对于鸟的意义，感悟树与鸟之间的深厚情感，厦门市槟榔小学的何景祝老师引导学生阅读《小王子》片段。

师：鸟儿遇到了这么多困难，是什么信念支撑着她，让她不顾一切也要去寻找呢？请同学们拿出课外阅读材料《小王子》，思考一下，对狐狸来说，小王子有什么不同？

生1：我找到的是"如果你驯养了我，我们就互相不可缺少了。对我来说，你就是世界上唯一的了；我对你来说，也是世界上唯一的了。"我体会到对狐狸来说，小王子是世界上的唯一，是非常重要的人。

生2：我感受到了狐狸和小王子之间深厚的情感，他们会一起分享快乐，一起历经磨难，哪怕分离了，也会努力要在一起。

师：我们要向他们学习，在这么长的文章中，捕捉到了关键信息。还有哪些语句让你感受到小王子在狐狸心中与众不同？

生3：我找到的是"一旦你驯养了我，这就会十分美妙。麦子，是金黄色的，它就会使我想起你。而且，我甚至会喜欢那风吹麦浪的声音。"我认为一开始狐狸并不喜欢麦子，但是被小王子驯养后，它就喜欢麦田的声音，一看到麦子就想起小王子，因为他有金色的头发。我再次感受到对于狐狸来说，小王子是唯一的。

师：从你们刚才的交流中，我们知道了，对于狐狸来说，小王子是唯一的。回到《去年的树》，树和鸟儿是怎样的关系？

生4：树对于鸟儿来说也是唯一的，课文前面部分写到"鸟儿站在树枝上，天天给树唱歌。树呢，天天听着鸟儿唱。"他们结下深厚的情感，许下了承诺。

生5：老师，我要补充，正是因为树对于鸟儿来说也是唯一的，鸟儿才愿意守着诺言，历经千辛万苦寻找树，我感受到鸟儿和树之间无比深厚的情感。

《小王子》是一本学生比较熟悉的著名儿童文学短篇小说。教师引导学生运用联结策略，将《去年的树》与《小王子》文本进行参照，将小王子与狐狸的情感，移情到树与鸟儿的情感体验中，水到渠成理解树之于鸟儿的意义。

在这一环节中，学生运用"与另一本书联结"的联结方法，将文本与之前已读的其他文本进行联结，通过理解、回忆过去阅读过的其他文本内容找出不同点，从而提升了对文本内容的正确把握。

（三）与已知事物和网络资讯联结，培养评价鉴赏能力

评价鉴赏能力是阅读素养中层级最高的能力之一，也是阅读教学中令教师踌躇不展的问题之一。根据学习情境，借助恰当的联结策略，为学生提供与文本有关的信息、资料，在教学中能解燃眉之急，在一定程度上帮助学生揣摩文章的表情达意，将语文学习扩展到浩瀚的课外领域，获意外之喜。何景祝老师教学《渔歌子》一课时，学完整首词后，在"知作者，体悟情感"这一环节，教师这样进行教学：

师：你了解的张志和是什么样的？

生1：张志和童年聪明伶俐，三岁就能读书，六岁就能做文章，而且过目成诵。他博学能文，曾经进士及第，完全就是一名学霸！

生2：张志和是唐代最早填词并有较大影响的词人之一。他的《渔父词》还被列入日本的教科书。

师：张志和既是诗人又是画家，因此他的笔下是一片画意诗情。20岁时，看透名与利的他，决意不再回到争名夺利的官场。从此彻彻底底隐于山林江湖之间，号称"烟波钓徒"。

通过这一环节，让学生的已有知识储备与后续的资料学习得到了适时的补充与融合，为后续的教学环节打下了良好的学习基础。学生在回答"学完课文，读完资料，你觉得张志和是怎样的人?"时，答案多元异彩——"他是才华横溢的人""他是悠然自得，乐而忘归的人""他笔下的《渔歌子》如同一幅山水画，我觉得他真的是才华横溢"……如此，借助网络资料，为学生提供学习的背景支架，既了解了诗人的生平遭遇，更理解了诗人的心境，感悟了诗歌的意境，从而学会了对诗歌的鉴赏品评，可谓一举多得。

（四）与生活经验联结，培养迁移运用的能力

"生活处处皆语文，语文时时现生活。"将生活教材引进文本，联结生活，学生的视野才会更加开阔。刘蓬老师在教学《用联结策略读剧本〈真假美猴王〉》一课中，教师做如下引导：

师：没法帮忙分辨真假美猴王，怎么办呢? 真假孙悟空穿越到21世纪的现代生活，你能联系《西游记》中的其他文本信息和现代社会的高科技等，用上自己的生活经验，想出分辨真假美猴王的办法吗? 请四人小组讨论出一个可行的方法。之后请选择你最赞成的一种方法，填在学习单的辨真伪前面的横线上（"＿＿＿＿＿＿"辨真伪）。填完之后想一想，你的方法是用上了哪种联结策略，在相对应的策略上打钩。

（四人小组讨论并完成学习单）

师：你选择了什么方法? 用上了哪种联结策略? 和大家交流一下吧。

生1：我选择用测谎仪的方法，是联系了自己的生活经验的。

师：很好，期待你的剧本!

生2：我选择请唐僧来辨别。

师：写的时候要记得写出师徒之间的小秘密哦! 加油!

师：同学们事不宜迟，赶快根据自己选择的方法进行剧本创作吧!

……

（四人小组选出本小组最佳剧本，合作排练。并组织班级汇报

活动。)

师组织评议：

师：你们觉得这个剧本写得好吗？他们的语言是否体现了所扮演人物的特点？

师：你看，他们能联结西游记中的文本信息，找到解决的方法，看来已经掌握了联结策略的读书方法了！掌声送给他们！

师：《三打白骨精》也同样精彩！课后可以试着用联结策略，比较"白骨精""唐僧""孙悟空"谁的情商高，并想一想：如果白骨精在现代，你能用什么办法帮助唐僧识破白骨精，不受骗。

在这一教学片段中，教师通过创设情境"这一天，如来佛祖去参加宇宙神仙大会了，没法帮忙分辨真假美猴王，真假孙悟空穿越到21世纪的现代，请你帮忙找出辨别真假悟空的办法。"引导学生把平时生活实际经验、前后文本内容和问题解决联系起来，并迁移运用，能够帮助学生提高读书时发散思维的能力。除了这一片段中学生呈现的识别方法，课堂上学生还有不少的奇思妙想：有的学生能采用联结生活经验的策略，想到测谎仪或DNA鉴定这些识别方法；有的学生能联结其他文本，建议假装打死唐僧，观察真假悟空反应，或是找师傅说秘密等。正是运用了这些联结策略，才让学生的想象更趋于合理，也更加丰富。同时，在创作剧本的过程中，让学生潜移默化地学会在读书时进行联结，并习得写剧本的方法。课后介绍类型相同、出处相同的文本，并引导学生采用相同策略进行阅读、思考，再次强化课堂所学。

三、运用联结策略阅读时的注意事项

在传统教学中，对于联结策略的运用也较为狭隘，往往只限于字词的理解等。没有将知识链接成网状，使知识或已有经验呈割裂状或是碎片化。"联结"重在"结合"。运用联结策略，要利用学生原有的认知结构，重视学生本年龄阶段的心理发展水平，实现学生与文本信息联结、与生活经验联结、与已知事物和资料联结，使阅读的触角伸向多视点、多角度，让阅读更有广度和深度。

（一）文本选择——基于学生特点、突出"趣"味

阅读策略的学习是随着学生年级的升高而循序渐进、不断深入的，并且在"阅读策略"指导课上，因为聚焦一种策略指导和运用，目标集中且高效，但往往容易使阅读课有"理"少"趣"。我们采用的"联结策略"的阅读方法，重在将阅读主题与文本信息、其他相关文本信息以及生活经验建立起联结。但要实现它们之间的交互融通，需要选取一些容易被学生接受的阅读文体为载体。

如前面提到的刘蓬老师执教的《用联结策略读剧本〈真假美猴王〉》一课中，教师在进行文本选择时，选择了古典神话小说《西游记》中选段，根据其中《真假美猴王》一章改写成五幕剧本。选择此文本，主要原因有：

1.《西游记》是家喻户晓且深受广大学生喜欢的经典作品。通过对某小学五年级 368 名学生展开调查，我们发现：通过观看电视剧、动画片、电影等了解《西游记》主要内容的有 361 人，占 98%；读过《西游记》书籍的学生有 355 人，占 96.5%；读完整本书的学生有 312 人，占 84.8%。绝大部分学生对《西游记》已经进行过或多或少的了解，对人物性格、事件发展有大致的了解，这是进行联结策略阅读的基础。

2. 学生对《西游记》的阅读理解和体会存在较大差异。写《西游记》相关书籍众多，学生们阅读的版本各不相同。这些版本质量不一，需要教师加以引导，教师需通过联结策略的启发，选择适合学生阅读的文本。

3. 采用剧本文本阅读并创作剧本符合五年级学习目标，也更能激发学生的学习兴趣。五年级学生已经学过《半截蜡烛》，了解了剧本的一般特点。《西游记》剧本的阅读与创作是对课本中剧本学习的延伸，引发学生再次投入古典文学的怀抱，在文字和影视作品、生活场景之间不由自主地进行阅读联结。

（二）文本阅读——基于联结策略研究突出"理"性

"联结策略"的运用不仅要突出文本的趣味性，还必须兼顾理性的阅读分析，教师要教会学生运用联结策略，让学生在不同知识、经验和思想之间建立联结，从而既让文本"立"起来，让文本的内容情节立在学生阅读的思维中，又可以让文本"活"起来，让文本中的人文精神活在孩子的精神世界里，扩展孩子的精神版图，让孩子充满趣味地在理性建构中习得策略，掌握方法。如在《真假美猴王》的学习中，学生一共经历了四个不断递进的阅读层次：

第一层：学生在拿到文本后，用分角色朗读的方式再现其中一幕文本情境，拉近学生与剧本的距离，将学生带入真假美猴王的文本情境之中，如身临其境一般，激发阅读学习的兴趣，并帮助学生更好地理解文本，复习剧本的文体特征，为之后的创作剧本打下基础，也为剧本创作提供了一个有效的范例。同时引导学生快速阅读文本，概括出《真假美猴王》故事的主要内容，为接下来深入阅读学习做好铺垫。

第二层：在比较真假美猴王的相同点时，引导学生反复阅读剧本，就《真假美猴王》剧本的文本信息上下文之间进行联结，找到前后文之间的内在联系，通过反复阅读文本，检索并比较文本信息，寻找并概括真假美猴王的相同点，运用"联结文本信息"的方法进行反复阅读，逐渐熟练运用"联结文本信息"阅读文本的阅读方法。

第三层：再次引导学生将《真假美猴王》与之前已读的其他文本进行联结，通过理解、回忆、概括过去阅读过的其他文本信息，找出真假美猴王的不同点，将要解决的问题和已知知识联结起来，这时学生的阅读由单篇的《真假美猴王》扩展到整本书的阅读回忆中，并将该文本的内容与其他文本进行联结，对比、概括出不同点，形成新的认知，此时的阅读理解又深入了一层。

第四层：通过创设情境"这一天，如来佛祖去参加宇宙神仙大会了，没法帮忙分辨真假美猴王，真假孙悟空穿越到 21 世纪的现代，请你帮忙找出辨别真假悟空的办法"，引导学生综合运用联结策略的三种方法进行剧本创作，把平时生活实际经验、前后文本内容和问题解决联系起来，并迁移运用，能够帮助学生提高读书时发散思维的能力；在创作剧本的过程中，让学生潜移默化地学会在读书时进行联结，并习得写剧本的方法；展示和评价学生创作的剧本环节，再次强化剧本创作中人物语言应符合人物特点的要点，引导孩子在语言文字运用中将阅读收获付诸笔端，创作剧本，再以分角色朗读的形式展现，复原故事情境，让事件"发生"。

经过这四个层次的阅读体验，学生从"读"到"感知"，再到"理解""运用、创造"，阅读理解从文本走向脑中，又从脑中走向了更高阶的创造和运用。

（三）注重"联结策略"在阅读教学运用中的探索

"联结策略"的教学是对传统阅读教学模式的继承和创新，将学生置于课堂的中心，加强学生与文本的多维联系，以学生的视角去阅读，去体验，去感知，使教学价值取向由"教阅读"到"教方法"。在实际教学中不能机械化地使用联结策略，而应与"推论策略""统整策略"等阅读策略结合使用，从而提升学生的阅读素养。目前看来，联结策略是一种重要且使用广泛的策略，它能够使读者主动建构阅读的价值，让阅读的体验更加丰富。教师还可以从多方面尝试探索：

1. 尝试根据一篇文章选择更多阅读材料，将联结策略的培养进行序列化、结构化、长程化设计，以一个月四星期，每周一课时共四个课时展开主题阅读教学探索，开发切实有效的培养联结策略的课程。

2. 除了对小说、剧本等形式的文本进行联结策略阅读，还要将绘本、非连续性文本的教学也以联结策略进行尝试，帮助学生形成联结的思维方法。

3. 有针对性地以阅读策略进行阅读理解材料的命题，确保学生阅读能力稳步提升，并注重收集数据，分析原因，从而指导阅读教学工作。

第二节　推论策略的学习

一、什么是推论策略

"推论"一词，词典解释为：从一个或者一些已知的命题得出新命题的思维过程或思维形式。其中已知的命题是前提，得出的命题为结论。

对于"推论"，国内外一些学者、老师也给出了自己的看法。周口师院许梅英老师认为：推论是对思维的连接，是对读物内容的精细加工。推论能够加速理解过程，提高阅读速度，使快速阅读成为可能。中南工学院易明华老师认为：推论和判断是阅读中较难把握的高层次阅读技巧，是深刻全面理解、分析语言中的词、词组、句、段或篇章等的一项重要语言学习能力。蒋军晶老师认为：预测与推论是根据已有的信息对故事的结局、情节的发展、人物的命运、文章观点等多方面进行预测和验证。

"推论"作为一种阅读策略，对国内许多语文教师来说比较陌生。但实际上，不少教师在教学中都会不自觉地运用"推论策略"指导学生进行阅读。如"联系上下文或结合自己的生活实际理解词语意思""结合课文，说出你的观点或看法"这样的学习策略，其实这就是"推论策略"的使用。

基于以上，我们认为："推论策略"是指用已知的条件或证据，通过一个合理的逻辑程序进行加工，以此对故事的结局、情节的发展、人物的命运、文章观点等多方面进行先行判断。

推论策略的使用要建立在能够正确关注，并提取具体信息能力的基础之上。而借助推论策略，可以对学生进行多方面的语文思维能力的训练，提升学生的语文素养和思维能力。推论策略可以帮助学生运用现有的线索做预测，抓住文章的主题，从字里行间体会文章的主旨，也能够帮助学生记住文章的主要内容。推论所要的结果，往往是读者最感兴趣的内容。在日常阅读中，阅读无碍的读者在阅读有情节的文章时，也都会不自觉地进行推论。读者往往喜欢在阅读中根据已知的内容来推测将要发生、发展和结果，并与实际阅读内容进行验证，从而获得阅读的愉悦感。这样的阅读过程有着不可抵挡天然的新鲜感和吸引力。对于学生而言，这种推论几乎会贯穿阅读的始终，让他们在期盼、紧张、焦急、兴奋等情绪中进行猜测、分析、判断和推论。

二、学习推论策略

推论是人们常用的一种阅读策略。然而，尽管许多读者都能够自觉或不自觉地进行推论，但推论的水平却参差不齐。有些读者的推论有理有据、丝丝入扣；有的读者却在故事中迷失方向，做不出什么有意义的推论，仅凭直觉判断，或人云亦云。因此，将"推论"作为一种策略来练习，使学生将此策略融入自己的阅读实践中，显得尤为重要。教给学生"推论"的方法，提高"推论"的能力，能够有效地激发学生阅读的兴趣，提高阅读的效率，促进学生语文思维的发展。

（一）依据文章主旨推论，促进想象能力

文章的主题，有时直接标示在题目上，有时则写在文本的中心句或过渡句中。在教学时，可以引导学生先以红笔标注出关键句，再进行整理，便可借由此中心完成推论策略的训练。例如厦门市槟榔小学的陈江春老师教授《白鹅》一课时，先要求学生划出文章的中心句，明确作者全文皆旨在表现白鹅的"高傲"，而后讲解第三自然段"鹅的叫声"一节：

师：作者提及"凡有生客进来，鹅必然厉声叫嚣；甚至篱笆外有人走路，它也要引吭大叫，不亚于狗的狂吠。"鹅的厉声叫嚣究竟想表达哪些内容呢？

生1：它想对别人说："你是哪位？不要靠近这里！"

生2：这是我的地盘，请你走开，否则我对你不客气。

师：两种不一样的答案。哪种答案更好？

生3：第一个同学的答案显得更有礼貌。

生4：第二个同学的答案才符合性格高傲的"鹅"的语言特点。

师：第二位同学能抓住白鹅的性格进行合理的推论，更贴合文章的中心，推论更趋于合理。

在这一环节中，教师能引导学生围绕白鹅的叫声、性格等，抓住关键词句进行推论，进一步提高了学生推论的合理性。

（二）依据人物特点推论，培养思维能力

在刘蓬老师执教的"用推论策略读故事"一课中，他选取意大利儿童文学作家贾尼·罗大里《有三个结尾的故事》一书的《巫师基罗》作为阅读文本，引导学生学习捕捉文本关键信息进行推论的阅读策略，提升学生阅读思维和表达的连贯性、完整性，提高学生对文本中心理解的深刻性和多元性，培养学生的发散思维。

师：请大家快速浏览这个故事，PPT出示：边读边用笔圈画：巫师和这位夫人之间发生了什么事？如果你有什么想法，也可以在文章的空白处做简单的批注。

（学生阅读，并做好批注）

师：哪位同学愿意和大家分享自己的想法？

生1：巫师总是想用巫术帮助夫人，却发现夫人总有更先进的科技，不需要巫术。

师：他用了哪些巫术、哪几件法宝帮夫人做了什么事？结果怎么样？

生2：他想用魔杖帮夫人照明，结果夫人打开了电灯；他想用魔法药水帮夫人听到远处的声音，结果夫人打了电话；他想用另一种魔法药水帮夫人看到远处的影像，结果夫人打开了电视。

师：同学们，这些都是你们从文章中找到的关键信息（板书：关键信息），那你们知道关键信息一般藏在哪里吗？你们看看，这篇文章的关键信息藏在哪里呢？就藏在这些关键物品中。

师：现在请大家再次读文章，边读边想：巫师是个怎样的人？用笔把你找到的依据画出来，并在旁边做简单的批注。

师：同学们，你们一边阅读，一边做批注，留了思考的痕迹，这是一种有效的学习方法。现在，请同桌互相交流，用上"我觉得巫师基罗是一个（　）的人，我找到的关键信息是……"的句式，如果你的同桌，信息找得不完整，请你帮帮忙。请你们记住，交流时，同桌两个人听得见就好了。

师：大胆地发表自己的看法吧，注意，其他同学在发言的时候，你们也可以拿起笔，画一画，做笔记。

生3：我觉得巫师是一个虚心学习的人。在文章第2段，他说："而我呢，不是自夸，我满腹巫术，成套成套的呢！嗯，我得到人群中去走走，看看究竟出了什么事儿，假若出现了另一个比我更神奇、更高超的大师，我倒真想向他学习呢！"这说明巫师并不会因为自己原来本领非凡而沾沾自喜，反而愿意虚心向比他高明的巫师学习。

生4：我觉得巫师基罗是一个坚持不懈的人，我找到的在他三次失败的魔法展示之后，在28段，他还继续提出他能效劳的项目："您再瞧瞧这个魔罐……"文章第29段这么写的："对于基罗巫师来说，那天的遭遇可真是一个绝大的教训。假若他是一个蠢货的话，他的心肯定早就冰凉冰凉的了，像一个泄了气的皮球。可是基罗并不是笨蛋。现实没有让他绝望，相反，他也是一个想象力非凡的人，他就对自己说：'瞧瞧吧，谁晓得人类还能发明多少东西呢？'"从中可以看出，他并没有放弃。

师：两位同学找出了多处信息，推论出这是一位虚心学习、坚持不懈的巫师。他们发言时，老师看到好多同学都在点头，看来这些同学都认同他们的观点。

生5：是的，找到的关键信息越多，推论就越合理。

师：你还能找到其他信息，推论出同样感受吗？

……

师：大家看，我们读完故事，找到了那么多关键信息，还在提取信息的过程中结合了自己的理解来阅读，知道了巫师基罗是一个什么样的人。

在这一教学环节中，教师引导孩子经历一次完整的推论过程，并回顾反思阅读学习的过程，自己总结推论的方法。在阅读中提取信息，学生初步感知由一条或者多条文本信息推论人物特点的阅读方法。

（三）依据文本插图推论，提高观察能力

文本中的图表往往是潜藏着大量信息的地方，不能忽略。培养学生观察插图和分析图表的能力不仅是对其阅读能力的提升，甚至对其个人发展也大有裨益。训练学生的观察力，从绘本开始是一个很好的选择。刘蓬老师执教绘本《谁吃了我的粥》一课时，讲述了小熊不愿吃粥，于是熊妈妈每天将粥放到林中的树桩上给"魔鬼熊"吃，此时教师抛出问题引导学生进行推论：师：小熊心中疑惑的"魔鬼熊"真的存在吗？

生1："魔鬼熊"真的存在。如果不存在，那又是谁每天吃光了放在树桩上的粥呢？

生2："魔鬼熊"是熊妈妈编出来吓唬小熊的。

师：同学们不要着急，请仔细阅读文字，还要再认真观察图片，相信你一定能找到答案。

（学生阅读文本后交流）

生3：我刚才在图画中找到树桩附近不时出现各种小动物，我认为是这些偷偷出现的小动物们悄悄把粥吃光了。

在课堂中，学生分成两个阵营，彼此间对于"魔鬼熊"是否存在有着完全不同的看法。这时教师能够及时引导学生细心观察，不但要读文字，还要仔细观察插图，学生逐渐能从插图中推论出事情的真相。

（四）依据作者背景推论，发展分析能力

许多文章，在阅读时若能联系作者的生平，了解其当时的心境，才能更好地体会文章中所传达的情感，古诗尤其如此。《黄鹤楼送孟浩然之广陵》一诗，在讲到"孤帆远影碧空尽，唯见长江天际流"一句时，

刘蓬老师这样进行教学：

师：在唐朝时，黄鹤楼本是长江边繁忙的港口，江上应是千帆竞过，为何诗人只看到孤帆呢？

生1：也许是孟浩然离开的时间太早，在清晨，所以其他的船只都还未启程。

师：这也非常有可能。还有可能会是别的原因吗？我们联系诗人与孟浩然的关系来推论。谁愿意来介绍一下他们的关系？

生2：李白与孟浩然是好朋友，对李白来说，孟浩然年长，且先于他诗名在外，亦师亦友，是他非常崇拜的人。

师：那么此时，在李白眼中……

生3：虽然港口有很多船只，但李白心中只有孟浩然所乘的这一艘而已。

在这里，教师能够引导学生联系诗人的生平进行推测，认识到在推论时要有据可循，而不是进行简单猜测，更不是天马行空地乱想，从而让学生更合理的明白了只见"孤帆"的原因，更能理解诗人此时此刻的心境。

（五）依据已知线索进行推论，锻炼整合能力

我们读侦探小说时，无论是谁，只要看到一起错综复杂的谋杀案，自然要在心中猜测一番，而找到足够的证据验证自己的推论，这是推论的重要过程。在刘蓬老师执教的《巫师基罗》这一课中，教师先引导学生概括故事，提取出"巫师基罗用什么方法来帮助老妇人做什么"的三条主要信息，结合学生对"基罗是个怎样的人"的个性化理解，有理有据地编写故事的结尾。

师：那么接下来会发生什么事呢？谁来说一说？

生1：我认为从此以后，巫师基罗会很认真地继续钻研了不起的魔法，最后会发明很多比电视、电话更了不起的设备。

师：你是根据哪些关键信息推论出这个结尾的呢？

生1：之前从前文中，我知道他是一个很谦虚，愿意向更伟大巫师学习的人，所以我觉得他会继续钻研魔法。在他一次次失败之后，仍然

没有泄气，说明即使他接下来遇到再多困难，他仍然会努力。所以一定能发明更了不起的东西。

师：你们觉得这个结尾合理吗？

生2：挺合理。

师：哪位同学来总结，续编一个合理结尾的方法是什么？

生3：我们根据提取的关键信息，再加上自己的理解，进行合理的推论。

师：现在到了用上推论法宝的时候了！从此，巫师基罗会做些什么呢？现在他的下半生就由你手中的笔来决定啦！请大家根据一个或多个关键信息，加上自己的想法，推论一个既合理又有新意的结尾吧！

（生写结尾，师巡视。）

师：谁愿意来分享你写的结尾？

生4：它改行当了药剂师。发明了可以治疗现在我们还治不了的疾病。

生5：他发明了新的巫术，比如传送魔法等。

师：人生也充满多种可能，积极面对，总会有希望。

这一教学环节中，学生尝试运用推论方法，个性化创编故事结尾。有些学生提出，基罗可能改行当了发明家，因为他是个聪明的人并且乐意帮助别人；有些同学认为，基罗可能精进自己的巫术，因为他是个坚持不懈、不愿意放弃的人；也有同学认为基罗可能来到落后的地方，继续用自己的巫术服务有需要的人们，因为他是个有爱心的、乐于助人的人，等等。即使结尾林林总总各不相同，但无论是哪一种结尾，都不是空穴来风，而是建立在学生理解文本、尝试运用推论策略的基础之上的。

三、运用推论策略阅读的注意事项

阅读中，师生常常将"推论"策略与"预测"策略相混淆。"推论"策略与"预测"策略都是做先行判断的过程，都是一种推理，但其实两者有着明显的区别。推论只能发生在阅读过程中，建立在能够正确关注并提取具体信息能力的基础之上，更注重对已知线索的分析，因此对前文信息的正确理解非常重要。同时，推论要求遵从逻辑进行合理的猜想，它一定有线索和理论作为的支撑。结合推论的线索越多，推论可能越正确。而预测可以发生在阅读前，也可以发生在阅读过程中，可能是没有线索和推理的乱猜。

在实践中，我们发现推论是可以作为一种策略来练习提升的。多鼓励学生进行推论策略的运用，循序渐进，将此策略融入学生日常阅读中，将有利于学生进行多方面语文思维能力的训练，从而有效提升学生的语文素养。但在练习的同时也要注意以下几点：

（一）正确把握年级目标和学情

推论策略的具体运用和实施，并不局限于中段学生使用，它往往伴随着学生的阅读过程无意或有意地发生。因此需要根据不同学段的学生年龄特点、年级目标进行分解。低段学生的推论策略注重结合学生的生活实际，融合学生的想象。中段学生注重对词语、段落和文本等的推理判断。高段注重探究文本背后的内容，更多倾向于判断、分析和辩论。

（二）遵循思维发展的内在趋势

学生阅读能力的发展不是一蹴而就，推论策略的学习和运用也应当严格遵循学生思维发展的内在趋势。随着学生生理和心理的发展，推论策略的实施点应当由浅入深、由抽象到具体、由共性到个性的发展过程。在内容上可以实现由词到句，再到篇章段落的逐步递进。在使用上引导学生从生活经验开始，注重个人的理解和感受。在推论结果上，鼓励多元化发展，从而拓宽学生思维发展的广度。

第三节 图像化策略的学习

一、什么是图像化策略

专家指出：所谓图像化策略就是在阅读时把文本的内容化成脑海中的一个图像。有些孩子擅长用图像来思考，所以图像化对某些孩子来讲也许是一个很好的学习方法。学生可以利用这种方式，将文本转化为一种图像，帮助理解与记忆。通过这样的方式可以让文本变得更具体、更生动，读者身处在这样一个图像故事里，更容易投入到故事的内容之中。

很多人认为，孩子拥有天生的想象力，这种图像化的阅读策略根本无须培养。但事实上，图像化阅读的过程，是把抽象的文字转换成具象图像的过程，是要在文字与图像之间建起一座桥梁。这个过程，对于很多孩子而言并不容易，是需要一定程度的训练才能逐步掌握的。这种训练一般包括以下几个要点。

（一）创造图像

图像化阅读策略并不等于视觉阅读训练。这里的图像更倾向于一种场景。根据阅读内容形成于脑海中的场景不仅仅包括视觉方面的形状色彩，还包括听觉、味觉、嗅觉、触觉等更多的层面。场景中的元素越丰富越精细，也就代表着孩子对所读内容的理解越深入，记忆也会越深刻。

（二）分享图像

对于同一段文字材料，每个人的背景知识不同，关注点不同，构想出来的图像也就各有侧重。孩子可以和同学、父母分享自己想象出的图像，找一找自己的图像里有没有遗失什么重要的部分。

（三）鼓励想象有个性的图像

孩子的想象基于他们自己的生活经历，总会带有一定的独特性。这种具有个性的图像，是应当得到鼓励的。因为如果孩子能成功地将自己的人生经历与阅读内容结合起来，那么阅读材料对他来说，一定是很有触动，印象也会更深刻。

基于专家的观点，我们认为"图像化策略"指的是凭借图片、图表、图示等手段，将直观的图像与感性的文字形象搭建桥梁，在研究中我们发现运用学习地图、阅读坐标图、故事情节图等能够帮助孩子更加清晰地把握文本信息，更好地理解和记忆自己所阅读的内容。

二、学习图像化策略案例

（一）学习地图

"学习地图"可以很好帮助学生掌握图像化策略。"学习地图"源于思维导图，又叫心智图。20世纪70年代初，由英国学者托尼·巴赞（Tony Buzan）提出，并被誉为"21世纪全球性的思维工具"。思维导图是表达发散性思维的有效图形思维工具，它运用线条、符号、词汇和图像，把一长串枯燥的信息变成彩色的、容易记忆的、有高度组织性的图解，建立记忆链接。在探究"学习地图"的使用中，我们总结了八种基本模式。

1. 并列式学习地图——气泡图

并列式学习地图用于描述事物性质和特征，来帮助学生学习知识、描述事物。在并列式结构文章中，各部分内容间没有主次轻重之分，因此，学生可以段为单位，梳理出的关键点，再进行平行连接。

2. 递进式学习地图——流程图

递进式学习地图帮助学生弄清先后顺序，明白层层推进的关系。小学语文教材中有很多课文呈板块分布，内容清楚明了，流程图恰到好处地体现故事情节发展的关系。

3. 对比式学习地图——维恩图

对比式学习地图帮助学生对两个事物做比较和对照，找到它们的差别和共同点。维恩图又名范恩图，图中两个圈表示子集合，中间的集合就是共同兼具的内容，两边则表现不同的地方。

4. 循环式学习地图——网状图

循环式学习地图能直观地呈现知识点间的反复循环的关系，并能清晰地展现知识层层反复的形成过程。

5. 变化式学习地图——心电图

写人记事的课文和故事，情感变化线是始终贯穿课文的明线或暗线，变化式学习地图能帮助学生理清情感变化，透析变化的原因，能较清楚地把握文章主要内容及主旨。心电图运用几种色块、几根线条，把看不见的心情"视觉化"，清楚表达作者情感变化过程。

6. 分类式学习地图——树状图

分类式学习地图主要用于分组或分类。树状图很清晰展示主题，特别在复习中使用，能帮助学生整理归纳一些知识。

7. 归纳式学习地图——鱼骨图

归纳式学习地图用于相关性的一组事物进行归纳统整，引导学生将一个主题的多篇文章进行对比阅读，把看似无序的信息通过整合对比，提升为系统化的知识。鱼骨图则以鱼身为主题相关内容，进行发散，把新知识不断地纳入（鱼翅），形成了知识的系统性。

8. 论证式学习地图——意见桌

论证式学习地图适用于寻找支持观点的 N 个证据。意见桌的桌面就是想表达的观点，桌腿则是学生寻找强有力的证据。

当然，这些都是思维导图的最基本模式，我们还鼓励学生在学习完每一种模式后自主创造，学生根据文本的内容、特点，加上图画和颜色，创造了"蝴蝶式学习地图""荷花式学习地图""火车式学习地图"等，让学习地图变成一幅幅美丽的图画，进一步激发探究的欲望，培养了学生结构性思维。比起简单的思维导图更让孩子喜欢，而且在探求和完成各种富有童真童趣的学习地图样式时，学生的学习兴趣得到空前的激发，达到欲罢不能的境界。

不管是让学生在阅读、表达、积累等言语实践中尝试绘制"学习地图"的过程，还是让学生运用已绘制好的"学习地图"去进一步进行阅读、表达、积累等言语实践的活动中，一张张形式新颖、色彩斑斓的"学习地图"把语文的学习内容、知识间的逻辑联系清晰地呈现在学生面前，对学生开动大脑、触动表达、启动记忆，提高思维力、记忆力、阅读力、表达力，甚至是激发学生学习兴趣方面都有非常明显的积极作用。

（二）阅读坐标图

"阅读坐标图"是一种能有效提取阅读信息的图像化阅读策略，它借用直角坐标系，将阅读要点或关键词摘录下来，以帮助学生提取信息、理解文本、深化记忆。绘制阅读坐标图的过程，实际是阅读和思考的过程，是由"文"到"图"的过程。随着阅读坐标图的绘制、修改与完善，阅读之翼渐渐丰满，阅读理解渐渐深入，阅读能力渐渐提升。

1. 承接型

承接型的阅读坐标图，指的是根据事件的发展和人物的成长，提取关键词加以梳理，这样便于理解文本，感受人物的变化。如厦门市滨海小学宋燕红老师在教学绘本《彩虹色的花》时，根据绘本内容特点，抓住"遇到的困难"和"提供的帮助"两个维度进行教学，借助阅读坐标图来帮助孩子理解故事情节。教学中循序渐进，师生先共看一节绘本，教师示范如何捕捉信息，学习阅读坐标图的使用，然后再看一节绘本，师生一起完成阅读坐标图的填写，最后听三节故事，学生动手捕捉信息，完成阅读坐标图。

"阅读坐标图"这种阅读方法适合运用在以心情变化为主线的文章或书本，在一些以人物心理变化为线索的绘本中，用阅读坐标图能快速帮助读者把握事件发展的明线，和人物心情心理变化的暗线，更容易理解人物的成长变化。吕珈臻老师尝试在学生学完《给予树》这篇课文后，教给孩子通过抓住人物的心情变化这条线索感受主人的思想情感，归纳出"心情风向标"阅读法。从课文《给予树》中得出阅读方法"抓住人物的心情变化感悟人物形象"，运用这种阅读方法来阅读绘本《第一次上街买东西》，从小惠的心情变化中感受小惠勇敢、坚强的人物形象。让孩子更好地阅读，更好地读懂文本中人物的内心。孩子们能够真正地运用这样一种方法来阅读，与文本中的人物产生共鸣，孩子们的精神世界也变得更加充实，更加丰盈。

2. 对比型

对比型的阅读坐标图，指的是根据事件或人物的前后变化，提取分化点的内容进行记录，以达到对比的效果。如厦门市槟榔小学陈江春老师执教《乔丹传》时就运用阅读坐标图引导孩子洞穿文章脉络，直观了解作者生活经历，同时，学生通过作者前后的心情对比，体验了乔丹变化的心路历程。再如笔者教学《唯一的听众》一课时，分别抓住故事内容的前后变化（家中练琴遭冷遇——林中练琴遇知音——舞台表演生感慨）、行动的前后变化（不敢在家练琴——林中练琴被发现准备溜走——坚持林中练琴——在家练琴——林中演奏）、心理的前后变化（沮丧——充满神圣感——沮丧——感到抱歉——羞愧——兴奋——洋溢从未有过的感觉）进行三个层级的阅读坐标图的对比，帮助学生理解文本内容，感受到"我"从"不自信"到"自信"的变化，老教授对年轻人成才的勉励作用也就不言而喻。由此可见，阅读坐标图让内容前后对比更直观！

3. 图表型

图表型的阅读坐标图，指的是对文本中重要的数字、图形进行提取，并按一定顺序进行记录，以达到分析的作用，其主要运用于说理文和说明文。如厦门市滨海小学宋燕红老师执教群文阅读《"讹"没"讹"?》时，先出示微博新闻《一老人游日本被车撞伤，被指讹诈》，然后现场采访学生，调查学生对此事的不同看法，并将人数以数字、图表形式记录于坐标图中。随后，又出示香港凤凰台驻日本记者李淼对此事的调查，在学生畅谈感受后再调查学生的观点取向，并做好记录。最后，新闻反转，出示带队导游的声明和受伤老人之女呈现的事实与证据，再次让学生对此事进行表决，将结果记录于阅读坐标图中。

综上所述，在教学中使用"阅读坐标图"的阅读策略，能有效提高学生提取和处理信息的能力，培养学生的梳理能力和读文的省察能力，能有效提升学生的阅读能力。"阅读坐标图"作为一种将阅读过程和思考过程具体化、直观化的方法，运用于阅读教学中，能够让学生在阅读时掌握方法，把握主线，提升思考技巧，发展学生的阅读能力，从而使学生的学习力得到全面的提升。

（三）故事情节图

在阅读一本书的初期，孩子首先受形象的吸引。小学阶段孩子形象思维大于抽象思维。运用"图像化"阅读策略，引导孩子阅读时展开丰富的想象，将文字描绘的场景在脑海中形成具体的形象，再用图画的形式再现书中的情境，受到孩子的喜爱。厦门市槟榔小学的吕珈臻老师在教学《窗边的小豆豆》时，就采用了"画故事情节图"的两个操作步骤：

1. 阅读相关文本，提取关键信息并进行批注。如孩子细读了《窗边的小豆豆》的"运动会"这一章，在巴学园的几种运动会比赛形式中，孩子最感兴趣的是"找妈妈比赛"和"钻鲤鱼比赛"。书中"找妈妈比赛"的片段中描绘了"信封、观众席、横放的梯子、钩子"等关键信息。孩子在画故事情境时，先读懂比赛现场的情形，并圈出这些关键信息，将它们在图画中展现出来。孩子们画出了"横放的木梯子，上面有挂钩，如果小朋友钻木梯子时不小心，就会被挂住，钻过木梯子的空格，从放在对面的框里拿出信封，到观众席上找信封里要求找的人，一起拉着手跑到终点。"看着孩子们的画，我们仿佛看到找妈妈比赛时的情景，看到一个小朋友被挂钩挂住动弹不得的样子，看到大人们从头到尾一直和孩子们一样兴奋地参与。

2. 用图画的形式表现出关键信息。如画出"钻鲤鱼比赛"的场景，孩子们为了表现鲤鱼是布做的，有的在"鲤鱼"上面画了个补丁；为了表现鱼肚子里一片漆黑，有的孩子创造性地给人物配上语言"妈呀，好黑"，有的把钻在鲤鱼肚子里的人画的摔倒在地表现里面黑洞洞容易摔倒；为了表现鲤鱼有2条黑的1条红的，孩子们有的用红色笔和黑色笔画鲤鱼，有的配上画外音"嘿，这是红的鱼""这儿有两条黑的鱼"……

用故事情节图唤醒孩子的元认知意识，调动生活积累加深对文本的理解，使发展思维与激发想象结合起来，把知识嵌在形象里感知，嵌在语言运用里。这些精彩点，这些图像化的故事情境通过阅读的输入再以图画形式输出，留存在孩子的脑海中，儿童的思维活动积极展开，语言伴着形象进入儿童的意义重构。

三、运用图像化策略阅读时注意事项

实践证明，语文教学中图像化策略的运用为教学带来了生机与活力，使得原本枯燥的教学更加生动活泼，原本零散的知识点更具结构化与网络化，这样不仅可以调动学生参与学习的主动性与积极性，而且有利于学生对文章的整体把握，更加利于培养学生的思维能力。这正是推进语文教学改革，实现有效教学，促进学生全面发展的重要手段。但在运用过程中要注意以下几点：一是多元性，图像化不再局限于某一特定信息传递方式，而是要融合图片、符号、色彩、线段、数字等，信息更加多元化，这样更能引发学生思维的多向性，更加利于学生兴趣的激发与思维的培养。二是个性化，学生是鲜活的生命个体，因此在设计与运用图示时也不能局限于固定形式，而是要体现学生的个性化特点，让图示成为学生展开个性化学习的手段，以引导学生创造性地学习，富有个性化地发展。三是适应性，不是所有的课程内容都适合画图示，要根据文本的需要来选择，图像化只是为了帮助理解，建立在学生需求上。图像化教学模式融入了传统语文教学中的语文能力训练，但其中以"画纸""画笔""颜色""形状"，容易让部分学生分散注意力，在教学中应注意把握"语文"本质。图像化策略模式的语文课堂，归根到底就是语文课，在把握课文的同时要以培养学生的语文能力，提升语文素养为根本。

第五章　高段学生阅读能力培养策略

小学高段是小学学习的最后阶段，也是学生阅读情感体验形成的关键阶段。因此，小学高段的阅读能力培养应致力于提高学生阅读的评价运用能力，学生要学习的阅读策略应有利于提高阅读的评鉴能力和运用创新能力，由"文字性阅读""解释性阅读"逐步过渡到"批判性阅读""创造性阅读"。

第一节　比较策略的学习

一、什么是比较策略

要回答这个问题，首先要明确：在这里，我们要探讨的是运用比较这一策略进行阅读活动。因此这一问题就涉及"比较""阅读""阅读策略"等概念的阐释，并在这一范畴内进行比较策略的概念界定。

"比较"一词在现代汉语词典中的基本解释之一为"辨别事物的相同属性异同或高低"。合理的比较包含比较对象、比较点、比较对象间的联系三个因素，内涵丰富而复杂。但从基本内涵可清楚地知道，"比较"存在于思维活动中，是一种认知方法。正如俄国心理学家谢切诺夫所说"比较是人最珍贵的智力因素，是人们辨别、确定事物异同的思维过程和方法，它和观察、分析、综合等活动交织在一起的一种复杂的智力活动。有比较，才有鉴别、才有认识、才有创造。"俄罗斯教育心理学家乌申斯基也曾这样说："比较是一切理解和思维的基础，我们正是通过比较了解世界的一切的。"可见，比较既是一个过程、一种方法，更是一种意识、一种思想。

尽管阅读活动的类型五花八门，而每一种阅读活动要求不同的加工策略并达到不同的加工水平，但是阅读现象有其普遍特征和规律。《中国大百科全书》给"阅读"下的定义是："阅读是一种从印的或写的语言符号中取得意义的心理过程。"《中国读书大辞典》对"阅读"作的定义性说明是："一种从书面语言和其他书面符号中获得意义的社会行为、实践活动和心理过程。"《现代汉语词典》将"阅读"定义为："看（书报）并理解其内容。"

运用"比较"这种方法与思想进行的阅读活动，我们称之为"比较阅读"。比较阅读，是指在阅读的过程中，围绕一定的学习目标，针对某个文本材料（或是字词、句段，或是内容、形式，或是作家、风格等），联系与之相关的内容，从不同角度、不同层次进行比较，经过观察、分析、综合、概括，重新加以排列组合，使之在头脑中形成新优化信息群的思维过程。正是在阅读过程中将"与之相关的内容"不断进行比较、对照和鉴别，阅读者不仅思想更加活跃，认识更加充分、深刻，而且能看到"相关内容"的差别，把握特点，提高鉴赏力。从这一意义上讲，比较阅读是一种积极主动、层次较高的研究型、鉴赏性阅读。

我国的一些学者给出了自己对阅读策略内涵的理解。如王继坤曾在自己文章中提出，阅读策略就是阅读中的计谋和谋略，是指阅读主体为保证完成阅读任务、提高阅读效率，对阅读行为或阅读活动所实施的谋略。秦志娟认为阅读策略是阅读者在阅读活动中进行有效阅读或解决阅读问题而采取的方式、技巧或行为，它既是内隐的规则系统，也是外显的操作程序或步骤。丁晓良在他的专著《语文阅读策略与教学》中提出语文阅读策略包括突出制定阅读目标，强调选用阅读的方法，注重阅读理解监控，并且关注阅读时的自我调整与自我反馈。

综上所述，阅读策略就是阅读者为了提高阅读的效果和效率，有目的、有意识地制定有关阅读过程的复杂方案。根据以上概念的推衍和实践研究，我们认为比较策略指的是阅读者为了提高阅读的效果和效率，运用"比较"这种方法与思想将两种或多种材料对照阅读，通过比较、分析同中求异或异中求同，经过一个由表及里、由现象到本质、由特殊到一般的思考认识过程从而达到阅读效果的一种阅读策略。

比较法作为语文教育研究和语文课堂教学的方法之一，近年更是备受关注。许多语文教育教学期刊如《语文教学通讯》《语文学习》《中学语文教学》等都曾开辟过比较阅读专栏，主要刊载教师的比较阅读成果，但比较阅读教学理论提升方面的文章还很稀少，尤其缺乏比较阅读教学策略的实践研究和理论研究。

二、学习比较策略案例

如何将比较法运用于阅读教学中，又怎样引导学生学习比较阅读策略？工作室成员对此进行了学习和实践探究。现将一些语文名师和工作室同伴在比较阅读教学实践中所采用的方法总结、提炼如下：

（一）增删法

即在阅读文本中增加或者删去某些词语、句子、语段等，以便与原文进行比较探究的方法。如名师张祖庆执教《与时间赛跑》时，有这样一个细节：

师：（音乐起，教师深情范读）所有时间里的事物都永远不会回来了。你的昨天过去了，它就永远变成昨天，再也不能回到昨天了。爸爸以前和你一样小，现在再也不能回到你这么小的童年了。有一天你会长大，你也会像外祖母一样老，有一天你度过了你的所有时间，也会像外祖母一样永远不能回来了。

师：同学们，刚才老师在读这段话的时候，有没有留意到跟你们的朗读有什么不一样的地方？

……

生1：老师你读得很有感情。

师：因为我经历了四十个春秋，我对时间的理解比你们深刻，所以我能读得有感情。除此外，你们有没有注意到我在读这番话的时候，将一些词语读得很轻很轻？

生2：老师，我发现你把三个"永远"读得很轻很轻。

师：真会听！是的，你们有没有发现这段中像"永远"一样反复出现的最能表现爸爸感情的词？

生3：再也。

师："再也"出现了几次？

生4：两次。

师：还有，文章反复出现了一个字，那就是——

生5：了！

师：大家数一数，有几个"了"字？

生6：共有5个"了"。

师：同学们，不要小看这些文字。它们看起来平平淡淡，但如果没有了这些字，这段话的魅力就没有了，不相信你读读看。（屏显示对比的两段文字。左边一段，是去掉"永远""再也""了"等词语，右边是原文）老师读左边，哪个同学想读另一边的句子你就举手，把你的感情带进去，特别注意红字。

（师生对比读书，老师的话语因为没有了这些词语，显得平淡，而学生读得很有感情）

师：这段话又让你体会到了什么？

生7：我感觉到时间是永远不会回来的。

生8：我体会到了一种时间一去不回的痛。

生9：我感觉到时间过得很快。

生10：我体会到了时间在悄然地流逝，爸爸很无奈。

师：简简单单的几个字和词语把对时间流逝的无奈，淡淡的伤感都写出来了。这就是林清玄这样的散文大师的魅力！

这种增删字词的比较训练，有利于培养学生的炼字能力。冯骥才的散文《珍珠鸟》的尾段是："我笔尖一动流泻下一时的感受：信赖，往往创造出美好的境界。"可以引领学生删去尾段，进行比较，感受一下哪一种结尾更好？学生通过探索研究，自会悟出原文尾段具有画龙点睛之妙用，同时引发读者对"信赖"的深入思考。这样，学生不仅深刻领悟了作者的写作意图，同时又获得了写作方法的启示。

采用增删法进行比较探究，学生不仅提高了炼字炼句能力，而且加深了对课文内容的理解，深刻领会了作者蕴含在字里行间的情感，同时也习得了遣词造句的方法和技巧。

（二）置换法

即将阅读文本的某个词语、句子，换成另一个意义相近的词语、句子，或者改变语段的顺序，与原文进行比较探究的方法。

例如特级教师王崧舟执教公开课《慈母情深》时，就设计了这样一个环节：

师：（大屏幕出示）背直起来了，我的母亲。转过身来了，我的母亲。褐色的口罩上方，一对眼神疲惫的眼睛吃惊地望着我，我的母亲……谁还画了这句？没有画的赶紧画下来。

师：这句话哪儿写得特别？

生1：一般的写法是"我的母亲，背直起来了……"，而课文中反过来了。

师："我的母亲"句子中一共出现了三次，每次放在最后，再读，你能讲出什么来？这一句可以改成：（投影出示）我的母亲，背直起来了，转过身来了，褐色的口罩上方，一对眼神疲惫的眼睛吃惊地望着我……

师：能写成这样子吗？请自由比较读，体会不同的感受。

生2：三次起到了强调作用。

师：看过电影吗？（学生举手）看过电影中的慢镜头吗？（学生举手）两句对比，哪句给你慢镜头的感觉？

生3：第一句。

师：慢镜头有什么作用？

生4：表现更细致，强调作用。

师：让我们真真切切、清清楚楚感受以上慢镜头的画面。

（学生闭上眼，师深情读这个句子"背直起来了"）

师：你看到了怎么样的背？

（根据学生回答总结：佝偻的背，瘦骨嶙峋的背）

师：不对啊，这不是我母亲的背。在我的印象中，母亲的背是——

生5：挺直的……正常的……结实的……

师：闭上眼，继续想慢镜头，"转过身来了"，你看到了是怎么样的脸？用一个词形容。

生6：满脸皱纹……劳累不堪……既熟悉又陌生……

师：不对啊，这是母亲的脸吗？在我的记忆中，母亲的脸是——

生7：丰满的……年轻的……红润的……

师：然而这样的脸不见了。再看慢镜头，你看到了母亲怎么样的眼睛？

生8：充血的……疲惫……黑眼圈……

师：不对啊，在记忆中，母亲的眼睛不是这样的，母亲的眼睛是——

生9：炯炯有神……温柔……和蔼可亲……

（师生共读这一段，先是学生读其他语句，老师读三处"我的母亲"。再反过来读。）

师：就在那一天那一刻，"我"发现母亲如此的疲劳，曾经挺直的背，红润的脸，炯炯有神的眼睛找不到了，"我"能不困惑吗？母亲，您那挺直的背，红润的脸，炯炯有神的眼睛哪里去了啊？

生10：因为（工作的劳累……岁月的流逝……恶劣的环境……强大的劳作……）而不见了。

（学生再读）

师：为了表达慈母情深，三次"我的母亲"能少吗？能轻轻放过吗？

王崧舟老师采用置换法进行比较探究，有效地打破学生的思维定式，激发学生的探究兴趣，使学生不仅要知其然，更要知其所以然。同时引领学生品味了特殊句式表情达意的效果，较好训练了学生遣词造句的能力，提高了写作中语言表达的准确性和严密性。

（三）图表法

即将阅读文本中的相关内容或关键性词语摘抄下来，通过画图或列表进行比较探究的方法。比如戴一苗老师教学非连续性文本《寻找食物》一课时，就运用了范恩图，引导学生从《湿原虫怎样寻找食物》和《蚂蚁的路径》两篇文章中提取信息，比较蚂蚁和湿原虫在寻找食物的方法上有哪些相同和不同的地方。

图表法可以将事物的特点和它们之间的异同，直观形象地呈现在学生面前，同时又给学生留下清晰、深刻的印象。

（四）勾连法

即在阅读文本时，就文本中某个知识点勾连出与之相关的已经学过的知识或者课外知识，并进行比较探究的方法。

蒋军晶老师在执教公开课《桥》时，引导学生抓住作者描写雨的句子"黎明的时候，雨突然大了。像泼，像倒。"与老舍先生同样写雨的段落，让学生比较阅读，来体会短句子及环境描写的作用；又让学生将《桥》与《"诺曼底号"遇难记》进行对比阅读，比较两个文本中的相同点和不同点，学会读小说要关注细节，最后还引导学生比较阅读《在柏林》《窗外》，发现结局都是出乎意料，从而对小小说的特点有较深入的认识。整堂课蒋军晶老师运用勾连法引导学生进行比较阅读，不仅深化了学生对文本知识的认识，而且促使学生温故知新，拓宽了阅读视野，并使学生的阅读不断向纵深发展。

（五）假想法

即引领学生凭借自己的阅读经验和写作经验，假想出与阅读文本相关的某些内容，进而与原文进行比较探究的方法。

莫泊桑小说《项链》的结局是：主人公玛蒂尔德用了十年青春还清了债务，才得知那串项链是假的。小说到此戛然而止，给人意犹未尽之感。为了引领学生认识世界短篇小说巨匠莫泊桑如此结尾的匠心独具之妙，周宝兰老师在课外阅读指导课上让学生展开丰富的想象，续写小说。学生们有的写玛蒂尔德要回了真项链，欢天喜地换回几万法郎，生活有所改善；有的写玛蒂尔德精神受到严重刺激，从此精神失常。有的写佛来思节夫人要把真项链还给玛蒂尔德，而她慷慨地一笑置之，不愿收回……此时，再让学生将自己续写的结尾与原文结局进行比较探究，学生就体悟出原文的结尾更高妙。因为原文荒诞可笑的结局，出人意料，又在情理之中，极具幽默讽刺效果，耐人寻味。

周宝兰老师采用假想法进行比较探究，不仅培养了学生的联想和想象能力，而且加深了学生对课文的理解和认识，同时又使学生获得写作方面的启示，即文学创作若能适当采用留白艺术，就会产生"言有尽意无穷"的奇妙艺术效果。

当然比较阅读的方法绝不止以上五种，还需要更多的学习提炼及在具体的教学实践中不断探索研究。《老子》云："授人以鱼，不如授人以渔，授人以鱼只救一时之急，授人以渔则可解一生之需。"教给学生科学有效的阅读方法和策略，可以使学生在自主的阅读活动中有章可循，一定程度上避免了学生在文本表面滑行，思维并未深入的阅读现象。当然，教无定法，法无定式，比较阅读亦然。

在梳理、总结名师的比较阅读方法的过程中，工作室成员发现：传统语文教学往往局限于"这一篇课文"，通常是以"这一篇"为中心来学习它，反映的是"以文为本""教课文"的教学理念，教学方法的选择上也更多地体现"教师怎样教"，其中大部分案例研究的是字、词、句、段之间的比较阅读，只有近些年蒋军晶、张祖庆等名师课例出现了"篇章比较阅读"。这里所提出的"篇章比较阅读"，主要指的是几篇文章或一组文章之间，甚至一本书的几个章节之间进行的比较阅读，我们认为它是字、词、句、段之间比较阅读的发展与提升。之所以强调"篇""比较阅读"这两个概念，主要基于其一是以"篇"为最小阅读单位，就是要切实实现"把大量的阅读实践活动放到课堂上进行"的理念；二是比较阅读不属于"文字性阅读""解释性阅读"范畴，而是一种思考性阅读，具有批判性阅读、创造性阅读的性质，这正是目前学生所缺失的阅读方式。

三、运用比较策略阅读的注意事项

（一）选择有效的阅读策略，不能为比较而比较

无论采用何种阅读策略，只有最适合、有效的，才是最好的。比较阅读只是阅读方法和策略的一种，不能因此而忽视其他的阅读方法。在比较阅读的整个过程中，应根据个人实际情况，灵活运用多种阅读方法，尤其要注意仔细研读材料。研读有利于分析材料的异同，发现材料之间的细微差别。阅读中，要随手做好必要的笔记，以便对照检查、分析鉴别。比较阅读中的笔记形式，可以用表格的形式，也可以用文字叙述的形式，要灵活运用。有一些文本并不适合比较阅读，或者与其他阅读方法相比不占优势，一般不建议采用比较阅读的方法。

（二）重在深化思维、培养能力

比较，自然可以辨美丑、明是非、知好恶、识优劣。然而，小学阶段的比较阅读，最重要的不在比出高下、品出优劣，而在于：通过比同，使事物共同点得以强化，使知识系统化、条理化；通过比异，使事物个性得以凸显，使视野得到开阔。比较是使思维深化的重要手段，比较贯穿于阅读思维的全过程之中。在对材料做比较时，思维必须有条理性，特别是做宏观比较时，应有比较的侧重点。总之，通过比较，实现锻炼思维、培养能力的目的。

（三）确定比较的范围，选好角度

比较的范围和角度的确定由阅读的目的来决定。随着阅读目的千差万别，阅读的比较形式自然也就各有不同。比较，要找出阅读材料中相同点与不同点。这是掌握和运用比较阅读法的关键性一环。只有准确地找出阅读材料的异同点才有可能进行具体的比较工作，达到良好的阅读

效果。

（四）注意比较点的选择，因人而异

因为生活环境、性格特点、认知经验、语文素养等方面的差别，同一个比较点，不同人对它的理解、接受程度大不一样，效果自然也就大相径庭。所以，选择怎样的比较材料、内容、角度、方法，一定要符合学生的实际情况。一般而言，"字、词、句"的比较各年级都可以做，但按照由易到难的规律，低年级"字、词"的比较会多一些，中年级"句、段"的比较多一些，而高年级则侧重"段、篇"的比较。

比较阅读，让我们的眼光更深邃，思考更深刻，见解更独特。比较阅读的价值，不仅在于比较这一方法本身的价值，还在于：将厚书读薄，将薄书读厚。拓展课堂容量，将学生的视野从课内引向课外，从一篇文章引向一本书，加大阅读量。恰当地运用比较阅读的方法，让学生长期坚持在比较中阅读，同中求异，异中求同，必能发展学生的阅读、评析能力，发展学生的比较、思考能力，这也将为学生将来的可持续发展打下良好的基础。

第二节　批注策略的学习

一、什么是批注策略

在阐释了"比较策略"的概念后，我们理解"批注策略"这一概念会更容易些。在语文课的课堂上，我们经常会说到"不动笔墨不读书"，这"不动笔墨"就是"批注"的形象化说法。直白地讲，批注就是在文章中的空白处用笔写上对文章的批评和注解。它是我国文学鉴赏和批评的重要形式和传统的读书方法。

批注式阅读由我国传统语文中的评点式阅读发展而来，分属现代教学论范畴和古代文论范畴。既然批注由评点发展而来，现代教学论范畴中的"批""注"和古代文论范畴中的"评""点"有何不同？

评点是我国传统读书方式之一，属古文论范畴。其起源于唐代丹阳进士殷璠对自己编选诗集《河岳英灵集》进行的评点，至南宋逐渐成为一种成熟的文学批评方法，到清代已蔚然成风。"评"指评论，"点"是圈点，评点即在圈圈点点中，兼以简括言语立论。古人读的书竖排、字大、空小、没有标点，且用毛笔评点，所以只好圈圈、点点、三言两语立论。古人评点无目的、无功利，单凭兴致，采用"直接领悟为出发点"的思维方式和"在只言片语中立论"的表述方式。

受其影响，东北师大附中孙立权经过"几番研读，几度思索"，终于在1999年提出一个阅读新概念——批注式阅读。①

对于批注式阅读的概念，王萍引用词典定义："批注是指加批语和注解，或指批评和注解的文字"；②刘荃则套用评点定义并把具体做法融进概念："'注'是指以圈点、勾画的方式对文中关键处、疑惑处标示或解释；'批'是指于文中奇处、动情处进行评点，注明自己思维的轨迹，打上自己认识的烙印，抒写主观感受，表达自己的思想情感，从而获得自我发展。"③郑志长阐释为"学生充分发挥主观能动性，对文本符号进行解码、注释，在自觉状态下用恰当的文字与文本进行的一种创造性对话"。

也有研究者认为，"批注式阅读"既然已从古文论范畴衍化为现代教学论范畴，由用毛笔圈圈点点"竖排、字大、空小、没有标点"的古文进化成用硬笔批注"横排了，字小了，空间大了，有标点了"的现代文本，由无功利，单凭兴致的阅读进化为现代教学中功利化阅读，那么理解这一概念时就应结合语文教学的目标与规律，联系小学各年段批注的实际需要进行。因此，在课文空白处用符号、文字甚至颜色等做的任

---

① 孙立权. "语文教育民族化"的一个尝试——批注式阅读 [J]. 教育科学与艺术，2014 (7)：148-149.

② 王萍. 批注式阅读：让学生站在高处的阅读 [J]. 江苏教育研究，2009 (11)：12-15.

③ 刘荃. "自赎"与"回归"：批注式阅读教学的新探索 [J]. 语文教学通讯，2009 (10)：18-22，54.

何标示都应是"注"，用文字写下的任何感受或评价都应是"批"，批或注都是学生围绕"语文素养的养成"进行读书时留下的不同思维痕迹。有了这个认识，批注就好解释了。它首先是语文阅读教学中的一种方式或方法，至于方法的定语如何，需结合语文阅读教学和"批""注"来规定。如"所谓'批注'，是指读者在阅读过程中，将自己的所思、所感、所惑以符号和文字的方式，在文中及文章空白处进行标记和书写，用来帮助学生理解和深入思考的一种读书方式。"① 当然此类概念还需进一步规定。

综上所述，工作室成员对批注阅读策略的概念界定为：在阅读活动中，阅读者将自己的所思、所感、所惑以符号和文字的方式，在文中及文章空白处进行标记和书写，用来帮助理解阅读内容和深入思考的一种阅读策略。

二、学习批注阅读策略的案例

批注是目前小学中高年级阅读教学中较常采用的学习方式，但在教学实践中，却存在着批注方式单一、效率低下；批注内容雷同、浮于形式；反馈评价不当、缺乏指导等现象。这些现象的存在与传统"批注"的影响、阅读能力培养取向偏差及教师教学策略失当不无关系。在批注阅读教学中，应不同批注方式、视角、评价相结合，做到因文而批、因需而批，从而提高批注的有效性。下面以吕珈臻老师执教的《脏男孩波迪》之《垃圾回收工》为例，谈谈如何借助批注让学生实现"真阅读"。

由英国作家艾伦·麦克唐纳和画家大卫·罗伯茨创作的《脏男孩波迪》系列丛书荣获 2004 年诺福克图书馆童书奖，充满童趣。《脏男孩波迪》第四集的第三个故事《垃圾回收工》讲述了波迪把妈妈要参加比赛的插花作品给当作垃圾扔掉了，最后通过自己的聪明才智制作了创意作品，获得最佳创意奖的事。上课伊始，吕老师让学生观察封面，引导学

---

① 韩中凌，"小学语文批注式阅读教学"的阶段性反思［J］. 内蒙古教育，2010（8）：29—33.

生从兴趣处进行批注：

师：今天老师给大家带来了一本书《脏男孩波迪》（大屏幕出示），念出书名！

生1：脏男孩波迪。

师：对他感兴趣吗？（得到学生肯定的回答）那让我们走进书中，用初见的惊喜和好奇去阅读真实的文字，在觉得有趣的地方进行画线批注，并画上一个代表惊喜的"！"，这就是"兴趣处批注法"。这个"！"一般在什么时候用？

生2：惊讶……赞美……经常和"啊"在一起……

师：既然"！"经常和"啊"在一起，我们可以给"兴趣批注法"再取一个别致的名字——

师生共议，确定"啊——法"。（师板书）

师：好，开始吧！

（学生精心阅读批注时间达到20分钟以上，真正把课堂还给了孩子，把阅读还给了孩子。）

师：现在我们来交流一下波迪有趣的地方。

生3："他身上是爸爸画画时穿的工作服，头上戴着毛绒帽，脚上蹬着一双沾满泥巴的高筒靴子"小孩穿大人衣服真是太有趣了！

生4："他要穿着橘黄色的夹克，戴着大手套，坐着一辆像龙一样喷着蒸汽的卡车。"我觉得垃圾车又脏又臭，可是波迪却觉得它像龙一样神气！

生5："他尽力朝垃圾箱弯下身子，好把口香糖抢救出来。手指尖刚刚碰到口香糖罐子'呃啊啊啊啊！'波迪大头冲下掉进了垃圾箱里。"我仿佛看见波迪倒栽葱在垃圾箱里，只有双脚伸在外面踢蹬，那情境真好玩！

……

通过兴趣处批注，孩子们大致了解了故事的主要内容，从心底里对波迪产生了亲切感，透过纸背和波迪握手。

引导学生在初步感知故事之趣了解故事主要内容的基础上，吕老师接着引导学生边读边思考，在有疑问处批注上"?"

师：看来波迪真是个有趣的孩子。那么书中有没有让我们产生疑问的地方？请同学们再次走进书中，边读边思考，在有疑问处批注上"?"先想想，"?"经常跟哪个疑问词在一起？

生1：吗……呢……

师：提醒一下，自己有疑问的时候？

生2：哦？

师：那我们也给"疑问处批注"再取一个名字——"哦——法"。

（疑问处批注具有很强的开放性和个性，当把阅读的权利还给学生时，学生会根据自己的阅读和生活经验进行质疑。不一会儿，他们提出了这样的问题）

生3：见到波迪把衣服弄得脏兮兮的，收垃圾的艾德为什么对波迪说"你妈妈肯定会高兴的"？他妈妈应该会气死才对！

生4：烂菜叶应该很恶心，很臭，可是波迪为什么觉得烂菜叶有甜香味？

生5：我很喜欢吃胡萝卜和菜花，可是波迪为什么觉得胡萝卜和菜花恶心？

生6：波迪为什么要做口香糖变硬的实验呢？

生7：当垃圾工很脏又很累，波迪为什么想当垃圾回收工？

……

孩子提的问题有些是作者语言表达习惯上的问题，如第一个问题，其实是艾德用揶揄的口气在调侃波迪，实际意思是：弄得这么脏，你妈妈一定会生气的。但是出于大人戏弄孩子的心理，他说成："你妈妈肯定会高兴的"；有些是孩子内容理解障碍上的问题；有些是自己与故事主人公价值观的冲突问题。这些问题都非常真实。在引导学生充分交流疑问后，吕珈臻老师组织孩子在小组交流中尝试用"联系上下文""联系生活实际"等方法解决疑问，对解决的问题在"?"旁打个"√"。在反复阅读交流讨论中，学生的批注理解更进了一层，在阅读这个动态的思维过程中，学生结合自身的兴趣、爱好、特长等主动地运用已有的生活经验和知识储备，设身处地与文本进行广泛深入的全方位的直接对话，直接在故事中圈点勾画，留下自己思维的轨迹，打上自己认识的烙印，表达自己的思想情感，在逐步认识波迪的过程中获得自我发展。

在运用"兴趣处批注"和"疑问处批注法"读课文后，根据故事的情节发展，波迪把妈妈的插花作品扔上了垃圾车，妈妈怎么参加插花比赛呢？面对妈妈的责问，故事达到高潮且扣人心弦，吕老师提醒孩子根据前面阅读的信息，猜测波迪将怎样解决这个难题，在第三部分后的空白处把猜测的结果批注上去，这就是"猜测处批注"。

在猜想处批注时，吕老师引导孩子根据前面已知的内容推想情节的发展，根据波迪的个性推想解决的方案。学生交流猜测的结尾后，吕老师出示波迪的插花作品图片，图片中的骨头和杂草激起了孩子强烈的探索欲望。吕老师娓娓道来："这样一个作品获得了本次比赛的'独具匠心奖'！看！这盆插花由杂草、铁丝和肉骨头组成，没想到吧！对于这样一个作品，最感兴趣的是波迪的朋友——宠物狗老威佛。它绕着这盆插花转来转去，就想着怎样才能弄到插花上的那根美味的骨头呢！"当揭晓答案时，课堂上洋溢着欢笑声，学生有的惊呼："波迪太聪明了！我自愧不如！"有的为宠物狗的执着和贪吃而喜笑颜开。

阅读的本质是一种对话，是教师、学生、文本之间的多重对话，对话的中心应是每一个学生。因此，阅读应成为学生与文本、教师进行思维碰撞和心灵交流的动态过程。猜想处批注放飞学生的想象，让学生与文本、教师进行思维的碰撞和心灵交流的动态过程，将阅读体验引向深处。

在层层递进式的阅读批注交流后，孩子们更加走近波迪的身边。最后吕老师提醒学生进一步深入阅读文本，找找每个人自己心目中的波迪，在感想处画上一个圈，批注上波迪的特点，这就是"感想处批注法"。吕老师鼓励孩子勇敢地表达出自己真实的看法，最后把自己的想法在小组里交流，并填写在"波迪档案"里。

就这样，学生在阅读《垃圾回收工》这一文本过程中，学习了在"兴趣处、积累处、疑问处、感想处"批注的方法，并借助批注体验"初见真文本，提出真问题，捕捉真灵感，表达真感受"的真实阅读过程，不仅深入地理解了文本内容，感受了波迪这个人物形象，还习得了阅读经验和策略。

运用批注策略进行阅读，能够发挥学生的主观能动性，培养学生的自主学习能力，提升学生的思维品质。它不仅是一种阅读方法，更是一项思维的训练，一种智慧的启迪，有利于培养学生自主阅读的独特体验，加深学生对阅读文本的理解和思想感悟，是一种"真"阅读。

三、运用批注策略阅读的注意事项

批注给了学生潜心会文、涵泳语言、独立思考的时间，有助于提高学生的独立阅读能力。但在阅读中使用时，容易出现"批什么""怎么批"不明确的问题，且由于批注具有很大的开放性，往往导致批注内容的随心所欲、批注方法的泛化，从而降低了批注效力。因此在运用批注策略的时候要树立三个意识。

（一）选择意识

就理论而言，批注策略适用于各种阅读材料，而在现实阅读实践中存在许多问题，其中耗时问题尤为突出。鉴于此对于批注式阅读我们需有一种选择意识，即并不是每种文体都使用批注式阅读，并不是每篇文章、每本书都使用批注式阅读。实践探索中需先搞清楚为了什么而批注，再确定批注什么，也就是说必须有明确的批注目的和批注内容，再根据不同的阅读目的和内容选择批注方法。选择意识的引入意在强调"因地制宜"的思想，将批注策略的自主性与开放性的特点最大限度地与阅读需求相融合，同时考虑到阅读者对于该方法有不同程度的把握，先易后难，循序渐进，有的放矢。

（二）问题意识

批注的方法虽有很多，但作为小学生带着问题进行批注更有利于提高阅读效率。引入问题意识让思考方向带有一定的指示性，避免信马由缰的盲目批注。批注式阅读的效率高低取决于问题设置的是否合理。问题的本质是指示性的，它能集中阅读者的精力开掘文本价值信息，所以越明确越合理的问题越有价值，相反大而空或小而精的问题很难有效利用批注达到阅读目的。

（三）交流意识

"一千个人读《哈姆雷特》就有一千个哈姆雷特"，这说明同一个阅读材料阅读的感受是千差万别的，极具个性化。孙立权老师也认为"'批注式阅读'是一种感受式阅读，'以诗解诗'式的，它注重阅读者的审美直觉，注重阅读者感受美的过程，强调记录读者阅读时直接的、感性的印象，致力于记录瞬间感觉经验。"在批注这种"直接的、感性、瞬间"的文字感悟中，难免常出现异读、误读现象，异读、误读有可能是错误，更有可能是对文本新的理解和发现。这就需要通过阅读者之间的交流来实现对阅读理解的深化，对批注是否有价值进行判断。所以，运用批注策略应树立把分散的批注"集中"起来进行分析、思考，或与他人进行讨论。

参考文献

[1]保娟.读写结合教学法在小学语文教育教学中的研究[J].中学生作文指导,2022(26):74－77.

[2]陈翠红.基于新课程背景下小学语文教学培养学生阅读能力的教学策略[J].好日子,2020(3):53.

[3]陈琪.基于阅读核心能力培养的小学低年级语文教学研究[J].教师,2022(25):33－35.

[4]达娃穷吉.基于语用背景下的小学语文阅读教学策略研究[J].山海经(教育前沿),2021(27):207.

[5]戴晓娥.深度探究语文课程教学践行与反思[M].长春:东北师范大学出版社,2011.

[6]郭秀钦.基于语文学科素养的小学生质疑能力培养策略——以统编版四年级上册提问策略单元为例[J].时代教育(中旬),2021(4):248－249.

[7]郭元祥.论深度教学:源起、基础与理念[J].教育研究与实验,2017(3):1－11.

[8]黄晓娜.素质教育背景下小学语文深度阅读教学策略研究[J].孩子,2021(1):85.

[9]黄晓琴.基于核心素养的小学语文微课程开发研究[D].重庆:西南大学,2016.

[10]贾丹.小学语文阅读教学学生有效参与与初探[D].天津:天津师范大学,2017.

[11]李进才.高等教育教学评估词语释义[M].武汉大学出版社,2016.

[12]李雷文.小学生语文核心素养培养策略研究[D].辽宁:渤海大学,2017.

[13]李平.为深度学习而教:深度教学的理性追求和实践策略研究[D].南京:南京师范大学,2014.

[14]李如密.教学评价教育:大有可为的教育评价新课题[J].教育测量与评价(理论版),2014(5):1.

[15]李松林.回归课堂原点的深度教学[M].北京:科学出版社,2016.

[16]李松林.深度教学的四个基本命题[J].教育理论与实践,2017(20):7—10.

[17]林碧鹤.重构教学内容,培养高阶思维[J].福建教育,2020(40):38—39.

[18]林晓婵.浅谈深度学习背景下的小学语文阅读教学策略研究[J].中文科技期刊数据库(文摘版)教育,2020(11):166,168.

[19]林银清.基于深度学习背景下小学语文阅读教学路径研究[J].语文课内外,2020(34):248.

[20]楼佩艺."深度学习"让学习有深度—基于深度学习的小学语文阅读教学策略研究[J].新教育时代电子杂志(教师版),2022(38):26—28.

[21]伦洪山,林秀朋.中等职业学校理实一体化课堂教学设计[M].北京:北京理工大学出版社,2015.

[22]农玉娴.小学语文深度教学研究[D].广西:广西师范大学,2013.

[23]沈朝慧.基于新时代背景下小学语文阅读教学开展下学生阅读能力的提升策略分析[J].中国科技期刊数据库科研,2022(7):76—79.

[24]沈明欣.基于深度教学理念的高中语文阅读教学研究[D].浙江:浙江师范大学,2018.

[25]石山.素质教育背景下小学语文深度阅读教学策略研究[J].今天,2020(21):71.

[26]宋庆云.论高中语文阅读教学中的文本解读尺度[D].江苏:苏州大学.2017.

[27]王芳芳.再现一经历一转化:深度教学的实现机制及其条件[J].课程·教材·教法,2021(2):72—78.

[28]王怀."学习任务群"背景下的小学语文群文阅读教学策略[J].家庭教育研究,2023(4):109—111.

[29]王秀贤.基于家校共育的小学生阅读素养的培养[J].科学咨询,2020(25):114.

[30]王玉强.深度教学构建优质高效课堂的方法[M].上海:华东师范大学出版社,2012.

[31]吴建国.高校课堂的 9 项修炼[M].四川:电子科技大学出版社,2014.

[32]吴丽霞."四度教学"在小学语文课堂的运用及成效[J].语文教学通讯,2022(36):68—69.

[33]伍远岳.论深度教学:内涵、特征与标准[J].教育研究与实验,2017(4):58—65.

[34]邢欣丽.深度学习背景下的小学语文阅读教学策略研究[J].科学咨询,2021(5):271.

[35]杨进红.审美体验视域下语文阅读教学研究[M].桂林:广西师范大学出版社,2015.

[36]叶桂玉.基于智慧阅读平台的小学语文整本书阅读教学策略[J].师道(教研),2021(5):92—93.

[37]叶枚举.主题阅读教学策略的思考[J].中小学班主任,2019(10):6—7.

[38]余文森.核心素养导向的课堂教学[M].上海:上海教育出版社,2017.

[39]苑丁.基于新课程背景下小学语文阅读有效性教学策略研究[J].读与写,2019(12):79.

[40]张静.小学语文阅读教学内容设计研究[D].天津:天津师范大学,2018.

[41]张伟娜.深度教学研究[D].北京:首都师范大学,2011.

[42]张晓娟.核心素养视域下课堂深度教学的实施策略[J].西部素质教育,2018(16):55—56.

[43]赵康维.深度学习背景下的小学语文阅读教学策略研究[J].家长,2021(3):89—90.

[44]赵珍.核心素养背景下初中语文深度阅读教学的策略研究[J].天天爱科学(教学研究),2023(4):152—154.

[45]郑晓端.新课标背景下利用单元进阶式教学模式开展整本书阅读教

学的策略研究[J].教师,2023(13):21－23.

[46]郑逸农."非指示性"语文课堂观察研究[M].杭州:浙江大学出版社,2017.

[47]庄照岗.论语文教师文本解读能力的提高[D].吉林:东北师范大学,2011.